하나님의
임재 앞에서

PRESENCE

하나님의
임재 앞에서

| 차명권 지음 |

영적 깊이를 이루기 위한 다섯 가지 원리

KSi 한국학술정보㈜

1. 크리스 해리슨 목사(YWAM 국제강사)

차명권은 나의 친구다. 그는 나와 같이 크론이라는 희귀병을 앓고 있다. 그는 시련과 고통 속에서도 더욱 투명하게 하나님의 부르심과 뜻을 좇아 살아가는 형제다.

이번에 그의 두 번째 책 『하나님의 임재 앞에서』가 나온다는 소식에 기쁨이 넘친다. 하나님의 임재를 경험하는 것은 하나님의 우리를 향한 가장 큰 목적이다. 저자를 생각하며 기도할 때마다 떠오르는 말씀은 이사야 55장 10~12절이다. 하나님께서 이 일에 기름 부으시길 원한다. 예수님만을 알기 원하고, 십자가만을 좇아가기를 소망하는 저자의 이번 책을 통해 많은 사람들이 기쁨으로 나아가고 평안히 인도함을 받고 산들과 작은 산들이 노래를 발하고 들판의 모든 나무가 손바닥을 치면서 여호와께 영광을 돌릴 수 있기를 기도한다.

2. 한홍 목사(양재 온누리교회 수석/햇불트리니티 리더십센터 원장)

글은 펜으로 쓰는 게 아니라 마음으로, 삶으로 쓰는 것이라고 했다. 그런 맥락에서 차명권의 『하나님의 임재 앞에서』를 나는 참으로 귀하게 생각한다. 저자 자신의 삶에서 우러난 진솔한 체험들을 바탕으로 깊은 묵상과 몸부림치는 기도 속에서 우려낸 진국과 같은 글들이다. 영적 성숙과 거룩함은 바로 그런 진실하고 겸허한 영혼의 수련이 조금씩 쌓여서 이뤄지는 것이라 믿는다.

3. 반태효 목사(두란노아버지학교운동본부, 수원 온누리교회)

오늘날 크리스천들은 영적으로 무척 바쁜 생활을 하고 있습니다.

열심히 신앙생활을 하고 있지만 정작 하나님의 임재를 경험하지 못함으로 인해 영적 공허함을 겪고 영적 침체를 겪기도 합니다.

하나님 안에서 풍성한 열매를 맺는데 있어서 하나님의 임재를 경험하는 것은 아무리 강조해도 지나치지 않을 것입니다.

작가 차명권의 이번 책은 '하나님의 임재를 경험하는 삶'에 이르는 영적 원리를 생생한 경험을 통해 길어 올린 고백이요, 하나님이 그에게 주신 또 하나의 보물입니다.

많은 크리스천들이 이 책을 읽고 하나님의 임재를 더욱 갈망하게 되고 매일 하나님의 임재를 경험하며 하나님과 동행하는 계기가 되기를 바랍니다.

오늘날 세상은 하나님과 우리들을 분리시키려고 안간힘을 쓰고 있습니다. 많은 사람들이 빛 한 줄기 들어오지 않는 영의 어두운 지하방에서 자신의 존재에만 천착하며 길을 잃고 고통스러워하고 있습니다. 이러한 영적 무지로부터 나를 은혜의 해방공간으로 이끈 국토순례를 기록한 책 『길 위에서』를 출간한 후 얼마 되지 않아 나는 또다시 하나님의 풍성한 충만함에 사로잡혀 하나님의 임재에 관한 이 책의 집필을 시작했습니다. 당시 나는 갑작스런 난치병에 걸려 새로운 하나님의 은혜 속으로 들어가는 중이었고, 하나님 안에서 안식을 소망하고 있었습니다. 찬양과 기도가 시름에 빠진 영혼을 치유해 주는 것처럼 하나님의 임재를 갈망하며 써 내려간 한 구절 한 구절은 그 과정 자체로 메마른 내 영혼을 그분의 풍요로움으로 충만케 했습니다.

이 책의 절반은 눈물로 기록했다 해도 과언이 아닐 것입니다. 그 눈물은 하나님의 임재를 경험하지 못하고 살아가는 수많은 이웃들에 대한 안타까움에서 비롯된 것이기도 하지만 거울을 들여다보는 것처럼 점점 정밀하게 드러난 자아의 일그러진 영혼과 그 영혼을 아무런 조건 없이 품고 치유하기 원하시는 하나님의 깊디깊은 사랑 때문이었습니다.

임재의 깊이가 깊어질수록 나는 스스로 삶을 통제할 수 있다는 어떠한 생각마저도 버리게 되었습니다. 거룩한 침묵 가운데 거하기를 즐겨하며 하나님이 주시는 고독을 더욱 사모하게 되었습니다. 주님이 주시는 고독은 외로운 상태와는 거리가 멀었습니다. 오히려 내 영혼은 하나님과 함께하는 고독을 기다리고 갈망했습니다. 하나님은 그분의 임재를 사모하는 나를 얼마나 깊이, 또한 끊임없이 만나 주시는지 나는 하나님께 조그마한 삶이라도 송두리째 맡겨드리지 않고서는 아무 일도 할 수 없을 지경에 이르게 되었습니다.

하나님의 임재를 경험하는 시간은 신비로 가득 찬 순간이었습니다. 전혀 분주할 필요도 없고, 인간적인 모든 계획이 정지당한, 세속적인 어떤 면에서는 낭비로 해석될지라도 그 풍요로움은 무엇과도 비교할 수 없었습니다. 잠잠히 하나님 앞에 머무는 것만으로도 하나님의 역사하심은 끝없이 쏟아져 내렸습니다. 세상의 주도권이 온전히 하나님께만 있다는 것을 영혼의 전 너비로 이해하게 되었습니다.

아침에 눈을 뜨면 "오, 주님. 나를 불쌍히 여겨 주시옵소서"라는 고백이 숨결을 타고 흘러나왔습니다. 살면서 가장 중요한 것은 무엇일까요. 주님의 길을 간다고 하면서도 그 의문은 바람처럼 늘 뜬금없이 다가왔다가 아무런 해답도 주지 못한 채 사라져 갔습니다. 하지만 하나님의 임재가 가져다주는 비교할 수 없는 달콤함과 떨림의 순간을 경험한 뒤로는 세상을 향한 모든 관심은 바람에 날리는 모래알처럼 의미를 잃어 갔습니다. 결국 하나님과 온전한 연합을 이루는 것이 내 삶의 최고이자 궁극적인 목표가 되었습니다. 옛 사람을 벗어 버리고 새 사람을 입으라는 예수님의 말씀은 내가 하나님의 뜻과 일치되었을 때 그때까지 내 삶을 규정지어 온 사고, 기호, 세계관 등 온갖 것들이 전혀 새롭고 창조적인 모습으로 변모한다는 뜻임을 경험적으로 알게 되었습니다.

크리스천들이 이 책을 반복해서 읽기를 바랍니다. 하나님의 임재는 너무나 중요한데도 대부분 쉽게 그 방법을 잊어버리기 때문입니다. 이 책에서 소개하는 다섯 가지 원리는 하나님의 임재로 들어갈 때 반드시 기억해야 하는 가장 핵심적인 원리들입니다. 그렇다고 단순히 이 원리를 반복하면 요술램프처럼 무조건 하나님의 임재로 들어가게 된다는 뜻은 아닙니다. 다섯 가지 원리들이 하나하나 그 본래의 의미 그대로 삶 속에서 실천될 때 이 원리는 놀라운 경험으로 우리를 인도할 것입니다. 하나님을 믿지 않는 사람들도 이 책을 통해 신비로운 하나님의 세계에 대한 간절한 갈망이 생길 것으로 믿습니다. 특히 비전을 잃어버리고, 어떻게 살아가야 할지 방황하는 젊은이들에게 간곡히 이 책을 권합니다. 이 책을

읽고 하나님의 임재를 경험하는 다섯 가지 원리를 날마다 말씀과
기도를 통해 훈련하는 사람에게는 하나님께서 놀라운 확신과 풍요
로운 삶으로 인도해 주실 것으로 확신합니다.

차명권

| 차례 |

1장__가장 귀한 하나님의 임재

◎ 임재가 없는 삶의 안타까움

이 책을 쓰게 된 동기는 하나님께서 나의 내면에 어떤 강력한 마음이 불길처럼 일어나도록 하셨기 때문입니다. 하나님께서는 나의 눈을 열어 칠흑같이 어두운 고통 속에서 흐느껴 울고 있는 가련한 영혼들을 보게 하셨습니다. 대학교 시절 너무나도 메말라 버린 내 마음을 도저히 견딜 수 없어 '긍휼의 마음'을 달라며 하나님께 기도하던 모습을 그분이 기억하시고 하나님의 때에 부어 주신 걸까요.

그런데 하나님께서 나에게 주신 긍휼의 마음은 특히 하나님을 경외하는 데서 멀어진 사람들을 향해 더욱 깊이 요동쳤습니다. 이 글을 쓰고 있는 지금도 수많은 사람들의 얼굴이 파노라마처럼 떠오르고 있습니다. 이들 대부분은 하나님을 믿는다고 고백하기는 했으나 신령과 진정으로 하나님을 만나지 못했고, 그런 까닭으로 하나님을 안다고 말할 수 없으며, 그분의 영광과 거룩함과 지극히 순결함 속에 잠겨 보지 못한 사람들이었습니다.

어느 날 교회의 한 자매를 만나 가슴 아픈 이야기를 들었습니다. 평소 그 자매의 외양은 그리스도인의 표본으로 느껴질 만큼 영적인 단아함과 기품을 지녔고, 자기 절제와 순결에도 높은 수준을 보였기 때문에 그 자매의 자기고백은 나의 마음을 더욱 아프게

했습니다.

"나는 진심으로 자살 충동에 휩싸여 있어요."

그 자매는 교회에서 하는 사역 가운데 심각한 열등감을 가지고 있었습니다. 자기보다 뛰어난 능력을 소유한 사역자가 퇴직을 한 후 혼자 감당해야 할 업무량이 배로 증가했음에도 불구하고 또다시 열등감에 사로잡힐까 두려워 교회가 새로운 사역자를 충원하는 데 반대까지 하고 있었습니다.

"왜 하나님은 나에게만 그토록 고통을 주시는지 모르겠습니다. 하나님을 신뢰할 수가 없어요."

이야기를 들으면서 나는 그 자매의 열등감과 하나님에 대한 불신의 뿌리가 육신의 아버지에게서 비롯된 것임을 알 수 있었습니다. 자매의 아버지는 한 번도 딸을 칭찬한 적이 없었습니다. 때로는 폭행을 하기도 했습니다. 결국 부모는 이혼을 하게 되었는데 그 이혼의 원인이 자기에게 있다는 죄책감에 사로잡혀 살아왔음을 알게 되었습니다. 그 자매의 하나님은 그 자매가 아무리 노력해도 충분하다고 말하지 않는 하나님이었습니다. 하나님께 인정받고 싶지만 그러기엔 그 자매의 하나님은 너무 멀리 계시고 너무 엄격한 분이었습니다.

나는 그 자매에게 하나님의 임재에 깊이 잠기는 것이 우선이라고 말해 주었습니다. 자신의 경험의 틀 안에서 만들어 온 우상과 같은 하나님을 부숴 버리고 참된 하나님을 만나고 알게 되기를 바랐습니다.

"그게 가능할까요."

자매는 처음에 난색을 표했습니다. 하나님을 찾는 데 지친 표정이 역력했습니다. 하나님께서는 두 가지 말씀을 생각나게 하셨고,

나는 이 말씀을 자매에게 들려주며 격려했습니다.

> "여호와 내 하나님이여 내가 주께 부르짖으매 나를 고치셨나이
> 다."(시 30:2)

> "믿음이 없이는 하나님을 기쁘시게 하지 못하나니 하나님께 나
> 아가는 자는 반드시 그가 계신 것과 또한 그가 자기를 찾는 자들
> 에게 상 주시는 이심을 믿어야 할지니라."(히 11:6)

감사하게도 그 자매는 성령님이 자매의 마음속에 역사하시는 움직임에 자신의 의지를 고정시켰고, 하나님의 임재를 인내로써 깊이 체험하겠다고 결심했습니다.

문제는 이처럼 하나님의 임재를 경험하지 못하고 방황하는 그리스도인들이 헤아릴 수 없이 많다는 사실입니다. 일과를 마치고 책상 앞에 앉아 하루를 되돌아볼 때면 내 마음은 길을 잃고 어려워하는 사람들에 대한 생각으로 고통에 휩싸이곤 했습니다. 그럴 때면 자기를 팔 것을 알고 계셨으면서도 가룟 유다의 발을 씻기시던 예수님, 불과 일주일 전만 해도 호산나를 외치며 종려가지를 흔들던 사람들이 이제는 침을 뱉고 자기를 못 박는 모습을 보시던 예수님의 마음으로 돌아가 있었습니다. 하나님의 크신 사랑과 능력이 우리 앞에 놓여 있건만 우리는 그 마음에 이르기를 하나님의 사랑이 내게서 멀리 있다고 말하고 있었습니다.

나는 그 자매에게 하나님의 임재를 경험하는 다섯 가지 원리를 이야기해 주면서 이 원리는 결코 어려운 것이 아니며, 반드시 신실하신 하나님께서 자매를 만나 주실 것이라고 확신한다고 말했습니다. 이후 그 자매는 하나님의 임재 가운데로 점점 깊이 들어가

면서 분주하고 산만했던 삶의 곁가지들을 정리하고 솔직한 모습으로 하나님 앞에 나가기를 즐거워하게 되었습니다. 할렐루야.

◎ 하나님의 임재를 경험하는 다섯 가지 원리

하나님의 임재를 경험하는 이 다섯 가지 원리는 갑작스럽거나 전혀 새로운 것이 아닙니다. 우리 가운데는 하나님의 임재에 대한 지식이 마치 퍼즐처럼 흩어져 있는 것 같습니다. "어떻게 하면 하나님의 임재를 경험할 수 있습니까"라고 물어보면 많은 사람들이 "하나님께서 오시는 것이죠.", "기도하면 됩니다," 등 틀리지는 않았지만 조금은 부족한 답변들을 들려주었습니다. 답변자들은 이 질문이 참 중요한 것이라는 데 공감을 나타내고 동시에 하나님의 임재를 경험하는 성경적 원리가 있다면 좇아서 해 볼 마음이 있음을 나타냈습니다.

이 책을 쓰기 전에 나는 아내와 하나님의 임재를 경험하는 방법에 대해 이야기를 나눈 적이 있습니다. 아내는 예수제자학교에서 하나님의 임재를 경험하는 방법에 대해 배운 적이 있다면서 자세히 설명해 주었습니다. 그 설명을 들으면서 나는 체험한 내용들을 비춰 보았고, 하나님의 임재를 경험하는 데는 핵심적으로 다섯 가지 원리가 있음을 알게 되었습니다. 그냥 단순히 알기만 했다면 이렇게 글로까지 남기려고 하지는 않았을 것입니다. 아침에 해가 뜰 때 동쪽으로 몸을 돌려 하늘을 바라보면 따뜻한 햇살과 마주할 수 있게 되듯이 나는 누구든지 이 원리를 본래적인 의미대로 실천해 냅다면 이전보다 더 가까이 하나님의 임재 속으로 들어갈 수 있을 것이라는 사실을 발견하게 되었습니다.

굳이 다섯 가지 원리라고 설정을 해 놓고 보니 사람에 따라서는 "하나님을 만나는 일이 수학 공식도 아니고 원리가 말이나 돼"라고 반응할 사람이 꽤 있으리라는 생각이 듭니다. 물론 하나님의 임재는 어떤 정해진 공식만 밟으면 답이 나오는 수학문제 풀이가 아니라는 데 동의합니다. 여기에 밝히고 싶은 다섯 가지 원리는 이런 수학 공식이 결코 아닙니다. 다만 예배의 핵심에는 "기도와 찬양, 말씀"이 있다는 식의 표현처럼 나는 임재를 경험하는 데 있어서 간과하거나 빠뜨려서는 안 되는 성도의 자세를 밝히고 싶은 것입니다. 같은 이유로 다섯 가지 원리는 시간적으로 앞뒤가 있거나 저차원과 고차원으로 분리할 수 있는 그런 물리적인 원리 관계에 있는 것도 아닙니다. 다섯 가지 원리는 이해를 돕기 위한 편의상 꼬리를 문 것이지 임재를 경험하는 데는 다섯 가지 원리가 통합적으로 우리 삶을 통해 드러나야 한다는 것을 기억해야 합니다.

이쯤 되면 다섯 가지 원리가 무엇인지 궁금해하는 분들이 있을 것 같아 서둘러 그 원리를 밝히자면 이렇습니다.

첫째, 성령님의 도우심을 갈망하기
둘째, 영혼을 내면에 계신 하나님께 향하기
셋째, 자기포기
넷째, 인내
다섯째, 순종

이 다섯 가지 원리가 정리되기까지는 많은 시간이 필요했습니다. 하지만 그 오랜 시간은 지금에 와서 보면 충만한 체험으로 보상이 되고도 남음에 감사를 드립니다. 하나님의 임재에 대한 첫 인식은 여름의 한 가운데서 몰아치는 폭풍처럼 생의 갈피를 못 잡고 있던 십수 년 전으로 거슬러 올라갑니다.

나는 20대에 잔느 귀용(1648~1717)이라는 프랑스 여성이 쓴 책 『예수 그리스도를 깊이 체험하기』를 읽은 뒤로 줄곧 하나님의 임재의 중요성과 하나님의 임재를 경험하는 훈련을 하게 되었습니다. 그 책은 내가 스스로 교과서로 삼아 읽고 또 읽고 있는 십수 권의 책 가운데 가장 빛나는 책으로 어둠 속에서 방황하던 나의 젊은 시절을 순식간에 하나님의 임재 앞으로 데려온 책입니다. 이 책이 내 인생의 분깃점이 되었다고 말하는 것은 진정한 의미에서 맞는 말은 아닐 것입니다. 이 책을 통해 경험한 하나님의 임재가 내 인생의 분깃점이 된 것이 사실입니다. 인생들에 대한 하나님의 임재는 인생들이 누리고 추구하는 하나님 밖의 모든 쾌락과 즐거움을 몰아내고 시들게 할 만큼 위대하고 충격적인 경험임에 틀림없습니다. 젊을 때에 하나님을 찾는 것이 더 좋다는 말씀은 단연 진리입니다. 솔로몬의 모든 영광으로도 헛되고 헛된 것이 세상이거늘 비할 데 없는 하나님의 영광을 하루라도 일찍 맛보고 누리는 것만큼 큰 축복은 인생에 더는 없을 것입니다.

이처럼 하나님의 임재의 중요성을 알려 준 잔느 귀용 여사의 책은 그리스도를 깊이 체험하는 주옥같은 원리들을 기록해 놓고 있습니다. 나는 이 원리들을 오랜 시간 영적 체험을 통해 나의 것으로 만들면서 핵심적인 다섯 가지 원리로 다시 압축할 수 있었습니다. 이 압축은 영적인 체험에 큰 유익이 있음을 재차 강조하지 않을 수 없습니다. 왜냐하면 성경 말씀을 외우고, 주기도문을 외우는 것이 어느 날 영적 전쟁이 갑자기 들이닥쳤을 때 길을 헤매지 않고 곧바로 하나님께 나아가는 데 큰 힘을 발휘하는 것처럼 낙망과 절망에 빠져 허우적대는 메마른 심령들에게 하나님의 임재를 경험하는 원리의 간결한 압축은 분명 큰 힘이 될 것이기 때문입니다.

◎ 병실에서 체험한 하나님의 임재

하나님의 임재를 경험하는 이 간결한 훈련이 빛을 발한 때가 최근에 있었습니다. 나는 2008년 봄 아주대학교 병원에 급히 실려가 청천벽력 같은 진단을 받게 되었습니다. 의사는 조직검사 결과 내가 크론이라는 희귀 난치병에 걸렸음을 담담히 말해 주었습니다. 크론병은 근래 한국에서도 젊은이들을 중심으로 발병률이 높아지고 있는 병으로 소장이 붓거나 터지고 심할 경우 제거 수술을 해야 하는 아주 위험한 병입니다. 발병 원인도 없고 완치약도 없으며 단지 스트레스를 피하고 평생 면역억제제와 스테로이드제 등을 복용하면서 병을 관리해야 한다고 의사는 덧붙였습니다. 크론병 진단이 나왔다는 소식을 병원 로비에서 전화로 아내에게서 건네들었을 때 병원 건물보다 더 큰 망치가 내 머리를 치는 것 같은 아찔함과 공포가 엄습했습니다. 하지만 그 순간 며칠 앞서 하나님께서 주셨던 약속의 말씀이 생각났습니다.

“네 아들이 살아 있다.”(요 4:50)

나는 불이 다 꺼진 6인 병실에서 새벽마다 일어나 하나님의 깊은 임재 가운데로 들어갔습니다. 고요한 병실은 하나님께 나아가기에 너무나도 좋은 장소였습니다. 나는 이 병을 주신 하나님께 감사를 드리며 나아갔습니다. 범사에 감사하라는 것이 좋으신 우리 하나님의 뜻임을 알고 있었고, 모든 것이 다 이해되지 않아도 하나님은 신실하신 분이심을 확신했기에 감사함으로 나아갔습니다. 다섯 가지 원리를 그때에도 그대로 따랐습니다. 내 안의 그리스도의 영으로 움직이시며 모든 영적인 것을 알게 하시고 깨닫게 하시는 성령님의 능력을 구했습니다. 산란하고 흩어져 있는 내 모든 걱정과 생각들을 일시에 휘잡아 내면에 계신 하나님을 향해 집중했습니다. 영광의 주님께 가까이 갈수록 견고한 자아의 쓴 뿌리들이 장애물로 다가오기 시작했고 나는 거룩한 자기포기의 길로 나아가게 되었습니다. 하나님이 때로는 부재로 의식될 때가 있었지만 인내와 소망을 가지고 변함없이 매일 나아갔습니다. 그리고 결국 하나님께서 나를 "나의 귀하고 흠 없는 신부"라고 불러 주셨고 나는 두려움을 몰아내고 하나님의 인도하심에 순종을 결심하게 되었습니다.

상황적으로 너무나 어려운 순간이었지만 나는 간결한 다섯 가지 원리를 외워 두고 있었을 뿐만 아니라 평소 훈련해 온 터라 큰 어려움 없이 하나님의 임재 가운데로 나아갈 수 있었습니다. 더욱 중요한 사실은 하나님의 우리를 향한 그 얼굴은 변함이 없으시고 블랙홀보다 더 강하게 우리를 사랑으로 끌어당기고 있다는 사실이었습니다. 이런 까닭으로 이 간결한 원리의 실천은 더욱 쉬워지게 되었음을 고백하지 않을 수 없습니다.

하나님은 잃어버린 한 마리의 양을 찾았을 때 천국이 진동하고 요동칠 만큼 큰 잔치를 베풀며 기뻐하십니다. 이와 동시에 하나님은 창조된 목적을 잃어버린 채 하나님과의 친밀함 속에 거하지 못하는 피조물들을 바라보시며 말할 수 없는 탄식으로 눈물을 흘리고 계십니다(롬 8:26).

우리는 무엇을 위해 창조되었습니까. 매일 이 질문을 스스로에게 던지는 것은 참으로 유익하다고 생각합니다. 각자의 은사가 다르고, 성격이 다르면서도 그리스도의 한 영을 받은 우리는 어떤 삶으로 부르심을 받았습니까.

> "너희가 어찌하여 양식 아닌 것을 위하여 은을 달아 주며 배부르게 못할 것을 위하여 수고하느냐 나를 청종하라 그리하면 너희가 좋은 것을 먹을 것이며 너희 마음이 기름진 것으로 즐거움을 얻으리라."(사 55:2)

우리의 삶이 영적으로 힘들고 고통스럽다면 걷는 길이 본질에서 벗어나 있기 때문일 것입니다. 이사야 말씀처럼 우리의 삶이 양식 아닌 것을 위해 땀을 흘리고 수고하고 있지는 않는지 돌아볼 필요가 있습니다.

◎ 포기하지 않으시는 하나님

늘 공허하지는 않습니까. 자신의 삶의 속도가 너무 빠르거나 너무 느리다고 생각하고 있지는 않습니까. 참 평안을 찾고 있습니까. 부르심에 대한 확신이 있습니까. 오늘 하루를 다시 허락하신 것은 주님을 찬양하는 새 날을 주신 것이라는 진실한 고백이 있습니까. 축제의 삶을 살고 있습니까. 만일 그렇지 못하다면 당신의 삶을 다시 한번 주님께 드리기를 원합니다. 우리들이 삶을 낭비하고 있을 때 하나님의 마음은 고통으로 가득 찹니다. 하나님 안에는 값으로 매길 수 없는 엄청난 보물들이 숨겨져 있습니다. 우리들이 마땅히 살아야 할 삶은 이미 우리에게 주어진 금광, 즉 하나님의 얼굴을 누리며 사는 것입니다. 입을 열고 모든 세포들을 동원해 주님을 찬양하는 것을 하나님께서 기뻐하십니다.

> "시와 찬송과 신령한 노래들로 서로 화답하며 너희의 마음으로 주께 노래하며 찬송하며"(엡 5:19)

우리의 삶이 하나님의 얼굴과 임재 가운데 잠겨 있게 되면 우리의 삶은 이 같은 축제의 모습으로 바뀌게 될 것입니다. 비록 육적 고통이 우리를 뒤덮을지라도 시와 찬송과 신령한 노래들로 서로 화답하며 주께 노래하는 진정한 축제의 삶으로 하나님께서는 바로 우리를 초대하고 계십니다. 그것이 바로 우리가 이 땅에 보내심을 받은 목적입니다. 이런 축제를 누리지 못하고 어둠 속에 있는 사람이 있을 것입니다. 그러나 하나님께서는 우리가 결코 소망을 잃지 말기를 당부하고 계십니다.

> "육체의 소욕은 성령을 거스르고 성령은 육체를 거스르나니 이 둘이 서로 대적함으로 너희가 원하는 것을 하지 못하게 하려 함이니라 너희가 만일 성령의 인도하시는 바가 되면 율법 아래 있지 아니하리라."(갈 5:17~18)

하늘나라에 가서 육신까지 온전히 구속함을 받을 때까지는 사단의 영적 공격은 결코 멈추지 않을 것입니다. 애굽에서 구원을 받은 이스라엘 민족이 광야에서 완전한 삶을 살았습니까. 그렇지 않습니다. 그들은 불신과 낙망 속에서 지속적인 훈련을 받았습니다. 이스라엘 민족의 광야는 바로 우리들의 삶의 모습과 같습니다. 비록 하나님의 첫 사랑의 달콤함을 맛본 뒤 다시 움츠러들어 낙망 가운데 있을지라도 우리들은 결코 포기해서는 안 될 것입니다. 포기해서는 안 될 이유는 하나님의 속성에 있습니다. 하나님은 지옥까지도 가서 당신을 건져 내실 분이십니다. 헨리 나우웬이 쓴 『제네시 일기』에 보면 한 사람의 이야기가 나오는데, 그 사람이 한 말이 참으로 기억에 오래 남습니다. 우리가 지옥을 방문할 일이 있어 가 보면 지옥에는 단 한 사람도 없음을 알게 될 것이라는 이야기입니다. 교리적으로 이 말의 정당성을 따지는 것은 뒤로하고 여기서 나는 이 말이 하나님의 우리를 향한 극진하신 사랑을 깊이 묵상한 사람의 입에서 나온 것이 아닐까라는 생각을 해 봅니다.

단테가 『신곡』의 지옥편에서 지옥의 악마들이 문을 닫아걸고 저항하자 무력으로 디스의 문을 쳐부수고 들어가 영혼들을 구한 그리스도의 사랑을 이야기한 것도 극진한 하나님의 사랑의 깊이를 묵상한 데서 나온 표현이 아닐까요.

> "유월절 전에 예수께서 자기가 세상을 떠나 아버지께로 돌아가
> 실 때가 이른 줄 아시고 세상에 있는 자기 사람들을 사랑하시되
> 끝까지 사랑하시니라."(요 13:1)

하나님은 자신의 형상을 따라 지은 세상의 사람들을 사랑하시되 끝까지 사랑하신다고 분명히 말씀하셨습니다. 하나님이 끝까지 사

랑한다는 의미는 무엇이겠습니까. 하나님은 우리를 사랑하셔서 자신의 목숨까지 내어 주신 분이십니다. 필립 얀시는 『내가 알지 못했던 예수』에서 하나님께서 인간이 되신 것은 사람이 벌레가 된 것보다 더 큰 자기 파괴이자 극심한 낮아짐이라고 표현했습니다. 한 사람을 위해 죽기도 쉽지 않은데 벌레처럼 되어 온갖 수치를 당하신 하나님의 다른 이름은 이런 이유로 사랑입니다. C.S. 루이스는 『순전한 기독교』에서 우리를 향한 하나님의 사랑을 확신에 찬 어조로 이렇게 밝히고 있습니다.

> "잊지 말아야 할 중요한 사실은, 우리의 감정은 있다가도 없어지는 것이지만 우리를 향한 하나님의 사랑은 절대 그렇지 않다는 것입니다. 그 사랑은 우리의 죄나 무관심에 지치는 법이 없습니다. 그 사랑은 우리에게 어떤 대가를 치르게 하는 한이 있더라도, 또 하나님께 어떤 대가를 치르게 하는 있더라도, 우리 죄를 치료하겠다는 결심을 완수할 때까지는 단 한 걸음도 뒤로 물러서지 않습니다."

하나님은 우주가 무너지는 일이 있더라도 단 한 걸음도 뒤로 물러서지 않고 우리를 사랑하십니다. 하나님은 우리를 사랑으로 끝까지 회복시키실 것입니다. 에스겔의 환상을 기억하는 것이 도움이 되리라고 생각합니다. 나라가 망하고 모든 백성이 포로가 된 파괴와 상실의 시대에 예배가 회복될 것이라는 환상이 임했고 백성들이 이를 붙잡은 것처럼, 삼킬 자를 찾아 헤매는 굶주린 사자와 같은 세상의 악한 영에 굴복되어 있는 사람이라도 하나님은 분명 회복시키실 것입니다.

회복을 원하는 우리가 취할 수 있는 유일한 길은 하나님께로 나아가는 것뿐입니다. 다른 것은 필요 없습니다. 하나님은 우리가 한 어떠한 선이나 공로 때문에 우리를 더 사랑하거나 우리의 어떤 부작위나 죄 때문에 우리를 덜 사랑하시는 분이 아님을 알고 있지 않습니까. 우리는 하나님과 함께 바람 부는 초장을 걸었던 에덴의 삶이 현재 우리의 삶에도 회복하기를 원합니다. 그러나 많은 사람들이 하나님 앞에 나아오기 전에 엉뚱한 곳에서 헛된 우물을 팝니다. 자신의 피투성이 같은 모습을 들여다보는 것입니다. 피투성이가 된 자신의 모습을 보고 하나님이 과연 두 손을 벌려 주실까 미리 근심하고 좌절해 버립니다. 혹 자신이 피투성이라고 생각합니까. 그래서 하나님께 나아오기가 부끄럽고 두렵습니까. 그럴 때마다 에스겔의 말씀에 귀를 기울이기를 소망합니다.

> "내가 네 곁으로 지나갈 때에 네가 피투성이가 되어 발짓하는
> 것을 보고, 네게 이르기를 너는 피투성이라도 살아 있으라. 다시
> 이르기를 너는 피투성이라도 살아 있으라 하고"(겔 16:6)

우리가 비록 피투성이로 있을지라도 하나님은 여전히 동일한 사랑으로 우리를 기다리시며 초청하고 계심을 인해 감사를 드립니다. 지금 그 자리에 주저앉아 있는 사람이 있다면 그 사람이 회복을 위해 걸어야 할 유일한 길은 있는 모습 그대로 하나님과의 깊은 만남 가운데로 나아가는 것입니다.

하나님의 우리를 향한 이 같은 포기하지 않는 사랑이 이해된다면 우리는 이제 하나님의 임재로 들어가는 다섯 가지 원리를 열어젖힐 충분한 토양이 되었습니다.

2장__성령의 도우심을 갈망

◎ 어느 날 갑자기 다가온 단어

어느 날 창세기를 읽고 있는데 갑자기 한 단어가 강렬하게 눈에 들어왔습니다. 성경의 다른 부분은 몰라도 창세기 1장은 다른 사람들과 마찬가지로 나 역시 수도 없이 읽고 또 읽은 장입니다. 그런데 그곳에 있는 한 단어가 30년이나 넘어서야 불현듯 제 마음속으로 미끄러지듯 흘러들어 온 것입니다. 성령님께서 이날 이 부분을 특별히 제게 밝혀 주신 것입니다. 보혜사 성령님께서는 하나님의 마음을 밝히시는 분이기 때문입니다. 그때 눈을 뜬 말씀은 창세기 1장 26절 말씀입니다.

"하나님이 이르시되 우리의 형상을 따라 우리의 모양대로 우리가 사람을 만들고 그들로 바다의 물고기와 하늘의 새와 가축과 온 땅과 땅에 기는 모든 것을 다스리게 하자 하시고"(창 1:26)

이 말씀 중에서도 특히 마음을 사로잡은 단어는 다름 아닌 '우리'라는 단어입니다. '우리'라는 단어를 발견하게 된 그날은 또 다른 의미에서 아주 특별한 날로 기억됩니다. 하나님께서 이 부분을 내게 보여 주신 그날부터 성령님은 내 삶에 하나님과 예수님이 약속하신 영광스러운 자리를 회복시켜 주셨습니다. 이 세상이 하나둘씩 모양을 갖춰 가기 시작하던 아득한 역사의 첫 페이지에 등장하는 '우리'는 누구입니까. 바로 삼위일체이신 하나님과 예수님, 그리고 성령님입니다.

이날 그동안 성령 하나님에 대해 너무나도 소홀하게 대해 왔다는 생각에 가슴이 저미는 고통과 기쁨을 동시에 느꼈습니다. 나는 그때까지 마치 성령님이 신약시대에 오순절 사건과 함께 갑자기 등장한 제3의 존재 정도로 치부하는 죄를 범하고 있었던 것입니다. 하지만 창세기 1장에서 성령님께서 태초부터 지금까지 동일하게 역사하고 계시는 분이심을 깨닫고는 전율을 느끼지 않을 수 없었습니다.

◎ 일하고 계신 성령님

이처럼 성령님이 태초부터 존재하고 계신다는 사실을 분명히 알게 된 뒤로 나는 구약 성경의 많은 곳에서 성령님이 친히 역사하고 계신 모습을 새삼 보게 되었습니다. 이것을 통해 나는 성령님이 오순절 사건 이전 시점에서도 활발한 사역을 펼치고 계셨음을 분명히 알게 되었습니다. 하나님의 임재를 경험하는 데 있어서 성령의 인도하심을 강조하기 전에 우리는 성령이 어떻게 일하셨는지를 함께 들여다보고 싶습니다. 삼손을 움직인 성령님을 먼저 소개하고 싶습니다.

"그 여인이 아들을 낳으매 그의 이름을 삼손이라 하니라 그 아이가 자라매 여호와께서 그에게 복을 주시더니 소라와 에스다올 사이 마하네단에서 여호와의 영이 그를 움직이기 시작하셨더라.” (삿 13:24~25)

삼손의 특별한 능력과 힘은 바로 성령 하나님으로부터 온 것이 었습니다. 들릴라의 유혹에 빠져 머리털이 잘려 나갔을 때 삼손이 힘을 잃은 이유 역시 성령 하나님이 그에게서 떠났기 때문이라고 성경은 기록하고 있습니다.

“들릴라가 이르되 삼손이여 블레셋 사람이 당신에게 들이닥쳤 느니라 하니 삼손이 잠을 깨며 이르기를 내가 전과 같이 나가서 몸을 떨치리라 하였으나 여호와께서 이미 자기를 떠나신 줄을 깨 닫지 못하였더라.”(삿 16:20)

할 일이 너무 많아진 모세가 하나님께 불평하면서 나아갔을 때 하나님께서 하신 말씀을 기억하십니까. 놀랍게도 여기서도 우리는 성령 하나님께서 모세가 모든 일을 능력으로 할 수 있도록 힘을 주신 분이심을 발견하게 됩니다.

“여호와께서 모세에게 이르시되 이스라엘 노인 중에 네가 알기 로 백성의 장로와 지도자가 될 만한 자 칠십 명을 모아 내게 데 리고 와 회막에 이르러 거기서 너와 함께 서게 하라
내가 강림하여 거기서 너와 말하고 네게 임한 영을 그들에게도 임하게 하리니 그들이 너와 함께 백성의 짐을 담당하고 너 혼자 담당하지 아니하리라.”(민 11:16~17)

광야를 유리하던 이스라엘 진중에서는 엘닷과 메닷이 성령을 받

아 예언을 하는 모습도 볼 수 있습니다.

> "한 소년이 달려와서 모세에게 전하여 이르되 엘닷과 메닷이 진중에서 예언하나이다 하매 택한 자 중 한 사람 곧 모세를 섬기는 눈의 아들 여호수아가 말하여 이르되 내 주 모세여 그들을 말리소서 모세가 그에게 이르되 네가 나를 두고 시기하느냐 여호와께서 그의 영을 그의 모든 백성에게 주사 다 선지자가 되게 하시기를 원하노라."(민 11:27~29)

우리가 잘 알고 있는 시편 51편 11절의 말씀도 성령님이 구약시대에 활발히 사역하고 있었음을 명백히 알려 주고 있습니다.

> "나를 주 앞에서 쫓아내지 마시며 주의 성령을 내게서 거두지 마소서"

놀랍지 않습니까. 성령님이 구약시대의 성도들에게도 나타나 사역을 돕고 있는 모습을 볼 때 놀랍지 않습니까. 만약 놀라지 않는다면 당신은 좋은 교회에서 올바른 목회자에게 바른 신앙 교육을 받은 분이 맞을 겁니다. 제가 어린 시절 자라면서 다닌 교회는 그렇지 않았습니다. 만일 누군가가 그 당시 나에게 다가와 성령을 받았느냐고 물었다면 나는 필경 묻는 사람을 이단에 속한 사람으로 오해했을 것입니다.

다윗이 누굽니까. 하나님의 마음에 합한 자가 아닙니까. 그런 다윗조차도 성령님이 자기에게서 떠나갈까 두려워할 정도로 성령님을 깊이 사모하고 있었다는 사실을 보면서 구약의 성령님에 대해 어떤 생각이 듭니까.

신약에 와서도 성령님은 오순절 이전까지 사역하고 계셨습니다.

세례 요한의 탄생과 관련한 이야기에도 성령님이 등장합니다. 다음은 요한의 아버지 사가랴에게 천사가 던진 진술입니다.

"이는 그가 주 앞에 큰 자가 되며 포도주나 독한 술을 마시지 아니하며 모태로부터 성령의 충만함을 받아"(눅 1:15)

요한의 어머니 엘리사벳 역시 성령의 충만함을 입었다고 성경은 증언하고 있습니다.(눅 1:41) 이 외에도 오순절 이전 구약과 신약의 수많은 곳에서 성령님이 등장하고 있습니다.

◎ 차별 없이 일하시는 내주 성령님

그렇다면 오순절에 일어난 성령은 무엇이며, 그 이후 우리에게 나타나는 성령 충만은 또 무엇입니까. 구약의 성령과 오순절 이후의 성령 사이에는 어떤 차이점이 있습니까.

가장 특징적인 차이는 구약의 성령은 특정한 성도들에게 임했고, 오순절 이후의 성령은 모든 성도들에게 차별 없이 임한다는 사실입니다. 우리는 이러한 차이를 만드신 놀라운 하나님께 영광을 돌리지 않을 수 없습니다. 예수님이 부활하신 후 보내 주신 성령님은 오늘 우리 '모든' 성도들 가운데로 오십니다.

또 하나의 차이는 구약의 성령님은 그분의 특별한 사역과 목적을 위해 특정한 성도에게 찾아 오셨습니다. 그리고는 그분의 목적이 다했을 때는 떠나셨습니다. "주의 성령을 내게서 거두지 마옵소서”라고 절규한 다윗의 고백을 통해서도 이러한 사실을 확인할 수 있습니다. 구약의 성령은 외부로부터 오셨던 것입니다. 하지만 오순절 이후 오신 성령님은 외부가 아니라 바로 우리 내면에 내주하고 계십니다. 그리고 우리를 떠나지 않습니다.

> “그 후에 내가 내 영을 만민에게 부어 주리니 너희 자녀들이 장래 일을 말할 것이며 너희 늙은이는 꿈을 꾸며 너희 젊은이는 이상을 볼 것이며”(욜 2:28)

이런 의미에서 요엘서 2장 28절은 오순절 이후의 성령님을 이해하는 아주 중요한 말씀으로 강조할 필요가 있습니다. 여기서 ‘부어 준다.’는 것은 영어로 ‘Pour out’이라는 뜻입니다. 즉 성령님께서 이제는 외부에서 오시는 것이 아니라 우리의 심령 속으로 쏟아져 들어와 거하십니다. 할렐루야.

> “내가 아버지께 구하겠으니 그가 또 다른 보혜사를 너희에게 주사 영원토록 너희와 함께하리니.”(요 14:16)

게다가 성령님은 이 말씀에서처럼 ‘영원토록’ 우리와 함께 하십니다. 우리 밖에서가 아니라 우리 내면에 거하시는 성령님께서 ‘영원토록’ 우리와 함께 하시겠다는 약속을 믿을 수 있기를 바랍니다. 이 믿음을 성령님께서 기쁘게 받으시고 일하기 시작하실 것입니다. 이것이 우리가 하나님께 나아갈 때 가져야 할 담대함의 기초입니다.

◎ 성령님의 인도가 없다면 멈춰야

지금까지 우리는 성령님이 천지 창조에 관여하셨을 뿐만 아니라 구약시대에도 하나님의 일을 성취하기 위해 능력을 주시고, 예언을 주시는 등 위대한 역사를 하셨음을 보았습니다. 말할 수 없이 감사하게도 오순절 이후 우리 그리스도인들은 다윗이 했던 기도 "주의 성령을 내게서 거두지 마옵소서"라는 기도를 더 이상 할 필요가 없어졌습니다. 왜냐하면 오순절 이후 우리에게 임한 성령님은 우리 모든 성도들 가운데 거하시면서 결단코 우리를 떠나지 않으시기 때문입니다.

성령님에 대한 이러한 확신을 바탕으로 여기서 더욱 강조하고 싶은 것은 성령님의 인도 없이는 하나님을 만나는 것도, 하나님의 사역을 하는 것도 본질적인 의미에서 불가능하다는 것입니다.

마가의 다락방에서 일어난 사건은 오늘날 삶을 살아가는 우리들에게 성령님이 얼마나 중요한 존재인지를 알려 주기에 충분합니다.

> "사도와 함께 모이사 그들에게 분부하여 이르시되 예루살렘을 떠나지 말고 내게서 들은 바 아버지께서 약속하신 것을 기다리라 요한은 물로 세례를 베풀었으나 너희는 몇 날이 못 되어 성령으로 세례를 받으리라 하셨느니라."(행 1:4~5)

예수님께서는 성령님이 오시기 전까지 예루살렘을 떠나지 말라고 말씀하셨습니다. 예수님이 십자가에서 돌아가신 후 제자들과 믿는 무리들은 말할 수 없는 공포에 휩싸여 각자의 소견대로 무슨 길이든 길을 찾아야 했을 것입니다. 그러나 예수님께서는 도피하는 일은 물론 예수님의 증인되는 삶을 살기를 원하는 사람에게조차도 성령님의 부어 주심 없이는 아무 일도 하지 말 것을 단호히 일러 주셨습니다. 그리고 며칠 뒤 오순절이 되었을 때 역사를 뒤바꾸는 한 사건이 일어났습니다. 예수님의 약속대로 하나님이 약속하신 선물인 성령이 임했습니다. 얼마나 우리 곁으로 오시고 싶으셨는지, 얼마나 우리에게 중차대했는지 정말 급하고 강하게 오셨습니다.

> "오순절 날이 이미 이르매 그들이 다 같이 한곳에 모였더니 홀연히 하늘로부터 급하고 강한 바람 같은 소리가 있어 그들이 앉은 온 집에 가득하며 마치 불의 혀처럼 갈라지는 것들이 그들에게 보여 각 사람 위에 하나씩 임하여 있더니 그들이 다 성령의 충만함을 받고"(행 2:1~4)

이렇게 사도행전에 나오는 모습과 같이 성령님이 오신 것은 구약에서 요엘이 한 예언이 그대로 맞아 떨어진 것이었습니다.

> "이는 곧 선지자 요엘을 통하여 말씀하신 것이니 일렀으되 하나님이 말씀하시기를 말세에 내가 내 영을 모든 육체에 부어 주리니 너희의 자녀들은 예언할 것이요 너희의 젊은이들은 환상을 보고 너희의 늙은이들은 꿈을 꾸리라 그때에 내가 내 영을 내 남종과 여종들에게 부어 주리니 그들이 예언할 것이요."(행 2:16~18)

나는 이 구절을 읽을 때마다 성령의 충만한 임재 가운데 거하지 않고서 세상 속으로, 교회 속으로 뛰어들었던 과거의 모습이 떠올라 안타까움의 눈물이 절로 납니다. 불나방과 같았습니다. 아무런 보호 장비도 없이, 무기도 없이 불구덩이 속으로 뛰어 들어가는 불나방이었습니다. 그 결과는 대부분 참혹하게 진행되었습니다. 악을 선으로 바꾸시고 협력하여 선을 이루시는 분이 주님이기에 다행스러운 일이었지만 성령의 충만 없이 걸어간 길 위에서는 교만과 자기비하와 음란과 정죄와 우울증과 거짓과 탐욕 등이 쌓이고 쌓이다가 결국 금간 댐이 터져 나가듯 내 삶 가운데 어느 날 폭풍처럼 쏟아져 내렸습니다.

예수님도 공생애를 시작할 때 성령의 이끌림을 받아 시험을 당하셨고, 죽음을 앞두고서도 땀이 피가 되도록 성령 안에 머무셨습니다. 예수님도 언제나 성령과 함께 일어나고 성령과 함께 누우셨는데 선생의 길을 따라가는 우리들은 어떻겠습니까. 지금 이 순간 우리들은 의지적 결단이 필요합니다. 성령의 충만 없이 말하지 않고, 성령의 충만 없이 숨 쉬지 않겠노라는 결단이 필요합니다. 하나님의 임재 가운데 살기를 원하는 우리에게 늘 육신과 영의 패배가 따른다면 성령의 충만을 따라 예수님을 통과하지 않았기 때문일 수가 있습니다. 성령은 검입니다. 우는 사자와 같이 삼킬 자를 찾아 우리의 영혼을 멸망으로 이끌려고 하는 사단에게 맞서는 검입니다. 검 없이 이 세상을 살아가려고 마음먹은 사람이 있다면 위험천만한 일이 아니겠습니까.

◎ 각자의 오순절을 경험해야

　하나님의 임재를 경험하는 데 있어서 성령님의 인도하심과 일하심은 결코 부재해서는 안 되는 중요한 부분입니다. 그런데 대부분의 사람들은 성령의 인도하심을 남의 이야기 듣듯이 흘려버리고 맙니다. 책을 통해 읽거나 남이 이야기하는 간증을 듣고 만족해 버립니다. 한마디로 대리 신앙을 취하고 있는 것입니다. 성령의 임재는 우리 각자에게 개별적으로 이뤄져야 하는 것입니다.

　각자에게 체험되는 성령님을 생각하니 대학 시절 한 사건이 떠오릅니다. 그날 있었던 일은 마음속에 불로 새겨 놓은 듯 지금까지도 잊히지 않고 있습니다. 강원도에 위치한 예수원이라는 영성수련원을 많은 분들이 알고 있을 것입니다. 그 예수원을 이끌고 계시던 성공회의 대천덕 신부가 어느 여름 우리 학교를 방문한 적이 있습니다. 성경적 토지 사용에 관한 세미나를 위해 대천덕 신부가 오신 그날은 천둥과 번개가 번갈아 쳐 대고 비바람이 한 치 앞길마저 막아서던 날이었습니다. 은빛 가로등 불빛을 뜨겁게 휘몰아치던 그날의 풍경은 고흐의 풍경화처럼 기억 속에 살아 있습니다.

　집회가 끝난 뒤 대천덕 신부를 숙소인 프라자 호텔로 태워 줄 사람이 필요했습니다. 그날 나도 모르게 손을 번쩍 들었습니다. 손을 든 채로 나는 잠깐 동안 후회에 빠졌습니다. 그때 내가 몰던 자동차는 10년이 훌쩍 넘은 구식 자동차였습니다. 후배에게 빌려줬다가 사고로 차 옆구리가 찌그러 들어가 있는 흉한 상태였습니다. 최악은 그것이 아니었습니다. 그 엑셀은 에어컨이 고장 난 차였습니다. 신부는 어느새 엑셀 조수석에 오르셨고 우리 둘은 관악 캠퍼스를 내려오기 시작했습니다. 그런데 곧 문제가 생겼습니다. 악천후 때문에 앞 유리에 김이 서리기 시작한 것입니다. 에어컨이 고장이라 그 김을 쉽게 없앨 수가 없었습니다. 밖은 비바람이요, 안은 김이 서려 운전이 어려울 지경이었습니다.

그때 대천덕 신부가 무엇을 하셨는지. 소매 자락을 빼서 늘어뜨려 운전석 앞창을 닦기 시작하셨습니다. 그 모습을 한번 상상해 보길 바랍니다. 봉사하겠다고 자신만만하게 나선 한 형제의 차를 타고 가면서 자신의 옷으로 유리를 닦고 있는 신부의 모습을. 나는 운전하면서 안절부절 못했습니다. 너무 미안한 마음이 밀려왔습니다. 하지만 신부는 편안한 웃음으로 나를 대해 주었습니다.

대천덕 신부는 그날 그 자동차 안에서 나에게 나지막이 말을 건넸습니다.

"우리들은 모두 자신의 오순절을 경험해야 합니다."

둘이서 무언가 말을 주고받는 중에 신부가 던진 말입니다. 나의 무슨 말에 신부가 이 말을 던졌는지는 까마득해 생각이 나지 않는데 유독 신부가 한 이 말은 내 영혼의 밭에 즉시 떨어져 뿌리내리기 시작했습니다.

시간이 흐르고 흘러 어느 날 나는 신부의 그 말이 웨슬레가 "하나님께서 지상 세계에 주신 가장 위대한 선물"이라고 격찬한 마델리의 요한 플레처(John Flecher of Madeley) 성자가 한 말과 동일하다는 것을 알게 되었습니다. 요한 플레쳐도 "모든 그리스도인들은 자신의 오순절을 경험해야만 한다."고 일갈했습니다.

◎ 임재로 이끄시는 성령님

그렇다면 오순절의 성령 세례는 무슨 의미를 가지고 있을까요. 오순절의 성령 세례는 두 가지 의미를 가진다고 마틴 로이드 존스는 『성령 하나님』이라는 책에서 말하고 있습니다. 하나는 마가의 다락방에서 성령의 임재로 예수를 구주로 믿는 모든 성도들이 그리스도에게 연합된 자가 된 것입니다. 즉 마가의 다락방에 성령이 임함으로 교회가 이 땅 가운데 세워지게 되었습니다. 마가의 다락방에 앉아 있던 성도들에게만 그리스도와의 연합이 일어난 것이 아니라 다락방 밖에 있는 모든 그리스도인들에게도 예수님을 믿기만 하면 성령을 통해 성도는 교회가 되는 특권이 주어진 것입니다.

또 하나는 오순절의 성령 세례는 영광의 초기 체험이라는 것입니다. 모든 그리스도인이 자신의 오순절을 경험해야 한다는 것은 성령 세례를 통해 하나님과 우리 주 예수 그리스도의 실재와 사랑을 알고 이후 이러한 경험이 성령 충만을 통해 깊어져야 한다는 뜻을 담고 있습니다. 성령 충만을 받기 전에는 말도 하지 말라는 어쩌면 극단적일 수도 있는 이 권고는 바로 오순절의 경험으로 우리 가운데 거하시게 되고 이후 충만한 능력으로 우리를 인도하시는 성령님을 염두에 두고 하는 말입니다.

성령 세례를 통해 우리 가운데 영원히 거하시는 성령님의 가장 큰 역사가 무엇입니까. 우리를 예수 그리스도에게로 이끄는 일입니다. 우리는 성령님을 통하지 않고서는 예수님을 통과할 수 없고, 예수님을 통과하지 못하면 예수님의 보혈의 능력을 우리가 힘입을 수 없으며, 그렇게 된다면 결국 우리는 공의로우신 하나님의 자비로운 임재를 경험할 수 없기 때문입니다. 이처럼 성령님은 우리를 예수 그리스도와 하나님께로 이끄십니다.

> "영생은 곧 유일하신 참 하나님과 그가 보내신 자 예수 그리스도를 아는 것이니라."(요 17:3)

하나님의 임재란 무엇입니까. 유일하신 하나님을 깊이 더 깊이 알아 가는 것이 아니겠습니까. 우리는 하나님을 믿는(to believe) 차원을 넘어 알게(to know) 될수록 영원한 생명 가운데 더 깊이 들어가 참다운 자유를 누릴 수 있게 됩니다. 요한복음 17장 3절 말씀은 하나님과 예수님을 아는 것이 영생이라고 하지 않습니까. 그렇다면 하나님과 예수 그리스도를 알게 하는 이는 누구입니까. 바로 성령님입니다.

> "그는 진리의 영이라 세상은 능히 그를 받지 못하나니 이는 그를 보지도 못하고 알지도 못함이라 그러나 너희는 그를 아나니 그는 너희와 함께 거하심이요 또 너희 속에 계시겠음이라."(요 14:12)

> "보혜사 곧 아버지께서 내 이름으로 보내실 성령 그가 너희에게 모든 것을 가르치고 내가 너희에게 말한 모든 것을 생각나게 하리라."(요 14:26)

성령님은 진리의 영이십니다. 모든 것을 가르쳐 주실 분은 진리의 성령님뿐이십니다. 성령님께서 모든 것을 가르쳐 주시고 당신을 하나님의 임재 가운데로 인도하실 것입니다. 그분이 바로 당신 안에 계십니다. 하나님의 임재를 갈망하는 자는 성령님을 붙들어야 합니다.

◎ 유일한 길 성령으로 충만

성령이 없이는 하나님의 임재를 경험할 수 없다는 의미가 바로 여기에 있습니다. 성령은 하나님과 예수 그리스도의 문입니다.

> "볼지어다 내가 문밖에 서서 두드리노니 누구든지 내 음성을 듣고 문을 열면 내가 그에게로 들어가 그와 더불어 먹고 그는 나와 더불어 먹으리라."(계 3:20)

예수님과 우리 사이의 문은 바로 성령이십니다. 우리가 그 성령의 문을 열게 되면 우리는 주님의 임재 가운데로 곧장 들어가게 되는 것입니다. 성령은 하나님이 싫어하시는 육신의 생각을 쳐서 굴복시키고 영의 생각을 하게 함으로써 하나님을 기쁘게 합니다. 성령은 하나님의 모든 뜻을 헤아리기 때문에 육에 속한 우리는 하나님을 기쁘시게 하기 위해 성령을 의지하지 않을 수 없습니다.

성령 충만은 영속적인 상태가 아니기 때문에 하나님의 임재 가운데 능력으로 거하기를 원하는 우리는 성령으로 계속 충만해져야 합니다. 성령을 받고서도 무기력하게 지내서는 안 됩니다. 우리는 성령으로 날마다 충만해져야 합니다.

> "술 취하지 말라 이는 방탕한 것이니 오직 성령의 충만을 받으라."(엡 5:18)

"온 무리가 이 말을 기뻐하여 믿음과 성령이 충만한 사람 스데
반과 또 빌립과……"(행 6:5)

하나님의 임재를 경험하는 참된 그리스도인으로서의 삶을 위해
성령 충만은 필수입니다. 우리가 성령으로 충만해 있는지를 어떻
게 알 수 있습니까. 로이드 존스 목사는 『성령 하나님』에서 우리
에게 성령 충만한지를 다음과 같이 묻고 있습니다.

"우리는 감사로 가득합니까? 우리는 찬양으로 가득합니까? 시
와 찬미와 신령한 노래들로 우리는 서로 화답합니까? 우리는 우
리의 마음으로 주께 노래합니까? 우리는 홀로 있을 때에도 하나
님을 찬양합니까? 우리는 그분을 다른 사람들과 함께 찬양하기를
기뻐합니까? 우리는 개인적으로뿐만 아니라 공적으로도 그분을
찬양하기를 즐거워합니까? 우리는 찬양과 감사 경배와 찬송의 영
으로 가득합니까? 이것은 성령으로 충만함의 피할 수 없는 결과
입니다. 이것은 많은 경우에 발생할 수 있는 무엇입니다."

미국이 배출한 최고의 신학자이자 철학자인 조나단 애드워즈는
많은 그리스도인들이 아끼고 존경하는 인물 가운데 한 사람입니다.
그는 18세 즈음에 하나님의 임재 가운데 머물기 위해 70가지 결
심문을 작성해 평생 실천할 정도로 하나님에 대한 열정이 불타오
른 사람이었습니다. 애드워즈는 거짓 감성주의에 도취된 세상에서
분별력 있는 성령의 체험과 능력을 강조했습니다. 그가 성령 충만
한 때를 회상하며 쓴 글은 우리가 경험하는 성령 충만의 상태를
잘 설명해 줍니다.

"1737년 나는 건강을 위해 숲 속으로 말을 타고 가서 보통 때

처럼 깊은 묵상과 기도를 위해 산책을 하고 한적한 곳으로 가 말에서 내렸습니다. 그때 나는 이상한 광경을 보았습니다. 그것은 하나님과 사람 사이의 중보자이신 하나님의 아들의 영광에 대한 것이었으며, 그분의 모습은 훌륭하고 위엄과 충만함과 순수함 그리고 은혜와 사랑, 온유하고 부드러운 겸손으로 가득하였습니다. 아주 조용하고 아름답게 보이는 그 은혜는 하늘보다 더 크고, 그리스도의 인격은 말로 나타낼 수 없게 훌륭하여 그 뛰어남은 모든 사상과 개념들을 모두 삼켜 버릴 만큼 위대하게 보였습니다.

그 광경은 내가 판단하기로는 대략 한 시간 동안 지속되었는데, 나는 그 시간의 대부분 동안 눈물바다를 이루고 큰 소리를 지르며 보냈습니다. 저는 어떻게 달리 표현할 수 없었고, 공허했고 좌절되었으며, 먼지 속에 누워서 그리스도로만 충만되고 싶고, 거룩하고 순수한 사랑으로 사랑하고, 그분을 신뢰하고 그분을 위하여 살며 그분을 섬기며, 완전히 성화되어 신령하고 하늘의 순결함으로 순결하게 되기를 원하는 영혼의 열정을 느꼈습니다.”

조나단 애드워드처럼 하나님의 임재로 나아가기 전에 성령의 충만함을 갈망하십시오. 성령이 충만하면 성령님은 당신의 가슴을 사랑으로 가득 채울 것입니다. 당신은 그 상태를 결코 지나칠 수 없을 것입니다. 오늘날 사람들은 죄를 짓고도 죄책감을 느끼지 못합니다. 기쁨의 감정도 사라지고 슬픔의 감정도 무디어졌습니다. 그러나 성령이 충만하면 감정의 파도가 당신을 감싸게 될 것입니다. 당신의 존재를 관통하여 흐를 것입니다. 위에서 애드워즈 역시 성령의 충만을 경험하고 하나님과 그리스도를 향한 사랑이 북받치는 감정으로 그에게 다가왔습니다. 우리들은 이런 경험을 해 본 적이 있습니까.

무디(D. L. Moody) 역시 성령 충만했던 자신의 경험을 들려줍니다.

"십이 년 전으로 거슬러 올라갑니다. 저는 제가 주관하는 모임에 정기적으로 출석하는 두 거룩한 여자 성도님들을 기억합니다. 거기에서 그분들을 보는 것이 기뻤고, 설교가 시작되었을 때 저는 그들이 나를 위해 기도하고 있다는 것을 그들의 얼굴 표정으로 알 수 있었습니다. 주일 설교가 끝났을 때 그들은 저에게 말하곤 했습니다. '우리들은 당신을 위해서 계속 기도했습니다.' 제가 묻기를 '왜 사람들을 위해서 기도하지 않습니까?' 그들은 대답했습니다. '당신은 능력이 필요하니까요.' '제가 능력이 필요하다구요? 저는 능력을 소유했다고 생각 했습니다'라고 제 자신에게 말했습니다.

저는 시카고에 큰 주일학교와 많은 성도들을 지도하고 있었습니다. 그때에 약간의 개종자들이 있었고, 어떤 의미에서 저는 만족하고 있었습니다. 그러나 바로 그 신실한 두 성도가 나를 위해서 계속 기도했고 특별한 예배를 위해 기름부음 받는 것에 대한 그들의 진지한 대화를 계속 생각하게 만들었습니다. 저는 그들에게 대화를 나누자고 요청했고, 그들은 와서 이야기했고, 우리는 함께 무릎을 꿇었습니다. 그들은 제가 성령의 기름부음을 받을 수 있도록 온 마음을 쏟아 기도했는데, 저의 영혼의 갈급함이 있었고 저는 그것이 무엇인지 알지 못했습니다.

저는 전에는 전혀 없었던 그런 울음을 울기 시작했고 갈급함은 증가되었습니다. 저는 진실로 예배를 위해 이러한 능력을 받을 수 없다면 더 이상 살고 싶지 않다고 느꼈습니다. 저는 울기를 계속했고 하나님은 성령으로 저를 충만케 하셨습니다. 그리고 뉴욕시에서의 어느 하루, 그날이 얼마나 놀라운 날인지 저는 표현할 수 없습니다. 저는 좀처럼 그것을 언급하지 않습니다. 그것은 너무나 신성한 경험이어서 거의 말로 표현할 수가 없습니다. 바울도 그와 같은 경험을 했고 십사 년 동안 결코 말할 수 없었습니다. 단지 제가 말할 수 있는 것은 하나님께서 저에게 자신을 나타내 보이셨고, 저는 하나님께 그분의 손이 내게 머물도록 요청했던 그분의 사랑에 대한 그러한 경험을 소유했습니다. 저는 다시 전도하러 밖으로 나갔고, 설교는 차이가 없었으며 어떤 새로운 진리들을 저는 제시하지 않았지만 그러나 수백 명의 사람들이 개종했습니다. 저는 그 복된 경험 그 이전으로 되돌아가지는 않을 것입니다."

무디가 신성한 성령의 충만을 경험하고서 다시 일상으로 돌아갔을 때 어떤 일이 일어났습니까. 수많은 사람들이 결신하는 복된 일들이 이어졌습니다. 이처럼 성령 충만한 삶과 성령 충만하지 않은 삶은 큰 차이가 있습니다. 성령은 예수 그리스도와 하나님을 보여 주기 때문입니다. 청교도였던 요한 플레블이라는 사람은 평범하고 조용한 사람이었습니다. 그는 홀로 여행을 하던 중 성령으로 충만하는 특별한 체험을 하게 됩니다.

"그날의 여행에서 온종일 그는 어느 누구를 만나지도, 추월하지도, 누구에 의해서 추월당하지도 않았습니다. 그렇게 자신의 길을 계속 가면서 그의 생각은 에스겔의 환상에 나오는 물처럼 부풀어 오르고 점점 더 높게 차올라서 결국 그 생각들은 저항할 수 없는 홍수가 되었습니다. 그러한 것은 마음의 치유였고 황홀한 하늘의 기쁨을 맛보는 것이었고, 그 안에서 즐거움에 대한 확신으로 가득 찼으며, 그는 모든 시력과 이 세상에 대한 감각 그리고 거기서부터 오는 모든 염려들을 완전히 잃어버렸습니다. 그는 몇 시간 동안 그렇게 침대에서 깊은 수면에 빠져 있었던 상태보다 더 자신이 있었던 곳을 알지 못했습니다.
어느 봄날에 아주 피곤해져서 그는 앉아 씻고 있으면서, 만약 이 세상으로부터 자신이 분리되는 것이 하나님의 기쁨이었다면 하는 그런 간절한 열망에 있었습니다. 예수 그리스도의 얼굴에서 볼 수 있었던 것 이외에 자신이 지금까지 눈으로 보기에 가장 온화한 모습은 바로 죽음이었습니다. 그리고 비록 그는 자신이 죽어가고 있다고 생각했다 할지라도, 자신의 사랑하는 아내나 자녀들

혹은 어떤 세속적인 관심사를 생각했는지를 기억하지 못합니다.

자신의 숙소에 도착했을 때 그 영향력은 계속되어 잠을 방해했고, 여전히 주님의 기쁨은 자신을 압도했으며, 자신은 딴 세상 사람이 되는 것처럼 보였습니다. 그러나 몇 시간 내에 그는 조수가 빠져 가는 것을 감지할 수 있었고, 자신의 영혼에 오랫동안 지속되었던 하늘의 고요와 감미로운 평화는 오랫동안 지속되었으나 기쁨에 도취된 감정은 밤이 되기 전에 끝이 났으며, 이제 자신의 기쁨의 세미한 모서리는 무디어졌습니다. 수년 후에 그는 그날을 자신이 천국에 있던 날들 중의 하루였다고 불렀으며 전에 그가 읽었던 책들에 의해서보다 또 그가 감명 깊게 들었던 모든 강연들에 의해서 보다 바로 그때의 경험에 하늘의 생활에 관해 더 잘 이해할 수 있었다고 고백했습니다."

이와 같은 성령의 충만이 하나님의 임재를 경험하기를 원하는 우리들의 첫 갈망이 되기를 원합니다. 하나님 앞에 도달하려는 것이 인간의 노력에 기초한 것이라면 결코 하나님의 임재를 경험하지 못할 것입니다. 그 일을 하실 수 있는 분은 바로 성령님이십니다.

"사람의 일을 사람의 속에 있는 영 외에 누가 알리요 이와 같이 하나님의 일도 하나님의 영 외에는 아무도 알지 못하느니라."
(고전 2:11)

성령님이 하나님의 임재로 이끌 수 있는 유일한 분이라는 사실은 성령님만이 신비로운 하나님의 세계를 알고 계시다는 사실 때문입니다. 하나님의 일은 성령님이 제일 잘 아십니다. 우리의 힘을 의지하지 말고 항상 성령님을 통해 하나님께 나아가기를 갈망하십시오. 중세 가톨릭의 세계를 살았던 위대한 분들의 고백들을 보면 성령님에 대한 표현이 강조되지 않는 경우가 있는 것을 봅니다.

하나님과 예수님에 대한 갈망 속에 성령님에 대한 갈망이 빠져 있는 경우를 자주 봅니다. 하지만 우리는 결코 성령님을 놓쳐 서는 안 될 것입니다.

> "이와 같이 성령도 우리의 연약함을 도우시나니 우리는 마땅히 기도할 바를 알지 못하나 오직 성령이 말할 수 없는 탄식으로 우리를 위하여 친히 간구하시느니라."(롬 8:26)

◎ 사랑 깊은 중보자 성령님

중요한 것은 우리의 연약함을 인정하고 성령님에게 우리를 의탁하는 거룩한 수동성입니다. 솔직히 말하면 본질적으로 우리는 아무것도 아닌 상태입니다. 우리는 본래 하나님과 어울리지 않는 존재입니다. 하나님은 거룩하시고 공의로우신데 우리는 부패하고 죄악 가운데 출생했기 때문입니다. 빛과 어두움이 함께 있지 못하고 하나님은 죄를 미워하실 뿐만 아니라 다 태워 없애 버리시는 분이기에 감히 우리가 하나님의 임재를 갈망하면서 그의 앞에 나아가는 것은 어리석은 행위이자 스스로를 죽이는 일에 지나지 않습니다. 하지만 우리에게는 우리를 끝없이 사랑하시는 예수 그리스도가 계시며 그 예수 그리스도가 부활하시면서 이 모든 일을 의탁하신 성령님이 계시기 때문에 담대히 하나님 앞에 나아갑니다.

『천로역정』의 저자 존 번연은 그의 책 『하늘 문을 여는 기도』에서 성령님의 능력을 힘입는 기도에 대해 탁월한 도전을 주고 있습니다.

　　"당신은 성경 속에서 모세의 기도를 만났을 때 기도에 대한 어
떤 말도 발견하지 못했을 것입니다. 모세가 애굽을 향해 가고 있
을 때에 뒤에서는 바로의 군대가 쫓아오고 앞은 홍해로 막혀 있
었습니다. 그는 하늘을 향해 부르짖었습니다. 그것은 그의 영혼이
성령님 안에서, 그리고 성령님과 함께 하는 것이었으며, 말로 표
현할 수 없고 연구하여 찾아낼 수 없는 신음과 울부짖음이었습니
다. 하나님은 영의 하나님입니다. 하나님의 눈은 우리가 책임져야
하는 것보다 더 멀리 보고 계십니다(출 16:22). 그러나 대부분의
사람들은 이 사실을 잘 모릅니다(삼상 16:7)."

　그렇습니다. 우리가 아무리 아름답고 깊은 기도를 가지고 하나
님 앞에 나아갈지라도 우리는 하나님의 마음에 합한 기도를 드릴
수 없음을 인정하십시오. 하지만 희망이 있습니다. 우리를 대신해
성령님께서 말할 수 없는 탄식으로 우리를 위해 기도하고 계시기
때문입니다. 성령님께서 우리의 모든 아픔과 필요를 우리 자신보
다 더 잘 아시며 하나님의 우리를 향한 마음도 잘 아십니다. 성령
님은 곧 하나님이시기 때문입니다.

◎ 성령님이 역사하시는 방법

　우리가 성령님께 예수 그리스도와 하나님을 아는 지식을 보여
달라고 할 때는 분별과 겸손이 필요합니다. 우리는 스스로 세워

놓은 기준을 들이밀면서 그것을 보여 달라고 하나님께 나아가고 있지는 않습니까.

성령님은 우리에게 어떻게 말씀하십니까. 오늘날 우리 주변에는 성령님에 관한 책이 쏟아지고 있습니다. 그 책들은 성령님이 말씀하시는 방법에 대해 자세히 설명하고 있습니다. 성령님은 자연의 실제적인 소리로도 말씀하십니다. 생각을 통해서도 말씀하십니다. 사건을 통해 말씀하시기도 하고, 사람의 입을 통해서도 말씀하십니다. 심지어 구약에서는 나귀의 입을 통해서도 말씀하셨습니다. 오해가 없기를 바랍니다. 우리는 분명 성령님께서 우리에게 말씀하시는 방법을 제한해서는 안 될 것입니다. 성경에는 성령님이 각양 모양으로 우리를 찾아 오셔서 진리의 영으로 말씀하셨습니다.

하지만 성령님께서는 '하나님의 말씀'을 통해 역사하신다는 부분을 강조하지 않을 수 없습니다. 오늘날 많은 사람들이 성령님께서 직접적으로 역사하신다고 주장하고 있습니다. 어떤 무리들은 말씀이 필수적인 것이 아니라고 주장하는 데까지 나아갔습니다. 성령님께서는 어떤 신비적인 방법으로 또는 어떤 내적인 빛으로 각 사람에게 말씀하신다고 주장하고 있습니다. 하지만 하나님의 임재로 나아갈 때 무엇보다 '말씀'을 통해 성령님의 인도함을 받는 것이 중요합니다. 예수님이 광야에서 시험을 당하실 때 사단도 말씀으로 공격했음을 기억한다면 말씀도 해답이 아니지 않느냐고 반문하는 분도 있을 것입니다. 사단도 말씀으로 공격해 올 것입니다. 하지만 사단이 구사하는 말씀은 왜곡된 것입니다. 우리가 성령의 인도하심을 따라 바른 말씀 안에 서 있다면 왜곡된 말씀을 가지고 공격해 오는 사단을 이기고 하나님의 임재 가운데로 이끌림을 받을 수 있습니다. 이런 이유로 우리는 더욱 말씀에 견고히 서고 말씀에 더욱 의지해야 할 것입니다.

> "오직 주의 말씀은 세세토록 있도다 하였으니 너희에게 전한 복음이 곧 이 말씀이니라."(벧전 1:25)
>
> "너희가 거듭난 것은 썩어질 씨로 된 것이 아니요 썩지 아니할 씨로 된 것이니 살아 있고 항상 있는 하나님의 말씀으로 되었느니라."(벧전 1:23)

성령님이 항상 하나님의 말씀을 사용한다는 것은 하나님의 말씀으로 이뤄진 성령님의 당연한 속성입니다. 하나님이 우리에게 성경을 주신 이유는 무엇입니까. 성경 말씀은 읽어도 그만이고 안 읽어도 그만인 소설책 같은 것이 아닙니다. 초자연적이고 신비한 힘이 텍스트 하나하나에 실려 있습니다. 그 말씀이 입술을 통해 나오는 순간, 그 말씀이 마음 밭으로 들어오는 순간 말씀은 핵폭발보다 강력한 힘으로 영혼의 어둠을 쪼개고 견고한 마음의 진을 깨뜨리는 것입니다.

> "하나님의 말씀은 살아 있고 활력이 있어 좌우에 날선 어떤 검보다도 예리하여 혼과 영과 및 관절과 골수를 찔러 쪼개기까지 하며 또 마음의 생각과 뜻을 판단하나니"(히 4:12)

혹 오해가 있지 않을까 해서 다시 적습니다. 성령님이 우리에게 말씀하시는 방법에는 제한이 없습니다. 하나님께서는 돌들로도 능히 아브라함의 자손이 되게 하시며 돌들을 들어 하나님을 찬양하게 할 수 있는 분이시기 때문입니다.(눅 3:8) 하지만 성경을 하나님께로부터 받은 우리는 항상 우선 성경을 통해 말씀하시는 하나님의 음성을 존귀하게 듣는 데 힘써야 할 것입니다. 하나님의 말씀은 살아 있습니다. 그 생명력 있는 말씀이 성령님의 음성을 분별하는 최종 기준이 되어야 할 것입니다. 성령님께서는 가장 우선적으로 그리고 가장 강력한 보증으로 '말씀'을 우리에게 주십니다. 성경은 하나님이 우리에게 주신 말씀이기 때문입니다. 성경 안에 하나님의 모든 계시와 비밀들이 다 들어 있습니다. 말씀 밖에서 하나님의 음성을 구하려는 것은 어쩌면 산에서 물고기를 찾는 것처럼 안타까운 일이 될 수 있습니다. 하나님의 임재 가운데로 들어가기를 갈망할 때도 마찬가지입니다. 성령님이 들려주시는 말씀에 민감하기를 바랍니다. 그 말씀을 기초로 성령님은 우리를 하나님의 임재로 나아가는 길로 환상 가운데 이끌어 주시고, 예언을 하게 하시며, 꿈을 꾸게 하실 것입니다.

대학원 동기 중에 외국인 회사 이사인 분이 있었습니다. 그는 신앙에 관한 여러 가지 이야기를 상담해 오곤 했는데 그는 분명한 말씀을 하나님께서 주셨는데도 불구하고 말씀 밖의 현상에 집착하는 바람에 하나님의 임재에서 떠나 많은 시간 동안 마음의 평안을 잃어버렸습니다.

그는 회사의 공연을 기획하는 분이었습니다. 늘 예술적인 힘이 마음에 충만한 상태로 지내다가 어느 날 그 모든 예술적인 힘이 사라져 버린 때가 있었습니다. 무언가 변화를 하나님께서 그의 삶에 가져오고 계셨습니다. 그는 공연 기획을 위해 세상적인 사람들과 만나는 것이 이제는 힘이 든다고 고백했습니다. 교회에 나오는 횟수가 늘고 기도원에도 종종 가게 되었습니다. 그런데 그는 엄청난 불안과 공포 속에서 하루하루를 지내고 있었습니다. 이야기를 들어 보니 어릴 때 하나님께 혼자 살겠다고 서원을 한 것을 지키지 않아 하나님께서 자신을 힘들게 한다는 것이었습니다. 또한 얼마 전 한 목사님에게 안수를 받았는데 그 안수 이후 몸이 갑자기 안 좋아졌다고 했습니다.

교회에 앉아 나는 하나님께서 그에게 주신 말씀이 무엇인지 함께 기도하기를 원했습니다. 받은 말씀은 로마서 5장 3~5절이었습니다.

> "다만 이뿐 아니라 우리가 환난 중에도 즐거워하나니 이는 환난은 인내를, 인내는 연단을, 연단은 소망을 이루는 줄 앎이로다 소망이 우리를 부끄럽게 하지 아니함은 우리에게 주신 성령으로 말미암아 하나님의 사랑이 우리 마음에 부은 바 됨이니"

나는 하나님께서 이 말씀을 통해 그에게 무슨 말씀을 하고 계신지 묵상하고 그 계시를 붙들고 담대히 나아가야 할 것이라고 말했습니다. 비록 당장은 예술적인 힘이 꺼져 버리고 세상 사람과 만나는 것이 힘들지만 하나님께서 그분의 사랑으로 빚어진 새로운 창조적 힘을 부어 주시길 원하니 이 환난을 인내로 견디며 모든 회개와 정결함으로 하나님께 나아가야 하는 것이 하나님의 뜻일 것이라고 함께 이야기를 나누었습니다. 그렇게 함께 기도할 때에 하나님께서 그의 마음속에 평안한 마음과 확신을 더해 주셨습니다.

고민과 낙망에 빠져 있을 때 하나님을 찾는 것은 그리 쉬운 일만은 아닙니다. 더군다나 착잡한 마음을 접고 말씀을 펴서 그 말씀을 붙들면서 하나님의 임재 앞으로 나가는 것은 더욱 쉬운 일이 아닙니다. 하지만 말씀을 신뢰하고 말씀으로 하나님께 나아간다면 분명 놀라운 영적 변화가 일어날 것입니다.

3장__영혼을 내면에 계신 하나님께 향하기

◎ 우면산 데이트

올 초 병원에서 퇴원한 뒤 매일 아침 교회에 오면 먼저 하는 일이 있습니다. 우면산 자락에 오르는 것입니다. 아침마다 우면산 자락에 내 몸과 영혼을 가져가는 이유는 하나님의 임재를 경험하기 위해서입니다.

산의 맑은 공기와 신령한 분위기는 의식을 투명하게 만들어 줍니다. 새들이 아침부터 노래하고 각양 나무들이 부끄럽지도 않은 듯 온몸으로 춤을 춥니다. 땅은 아직 촉촉하게 젖어 있습니다. 땅을 밟으면 흙이 나의 몸무게를 이기지 못하고 가라앉습니다. 아직 썩지 않은 낙엽들이 바스락 소리를 냅니다. 청솔모나 내려앉은 새들이 바스락거리는 소리를 냅니다. 숲 속으로 한 줄기 아침 햇살이 청신하게 스며듭니다. 모든 생명들이 어제와 전혀 다른 또 다른 새 생명이 되어 만물을 지으신 하나님을 찬양하고 있습니다. 어느새 나는 자연의 일부가 되어 높은음자리표로 여호와를 노래합니다. 나의 모든 의식이 하나님께 집중하기 시작합니다. 먹을 것, 입을 것, 걸어갈 모든 길들에 대한 질문들이 의미를 잃고 사라져 버립니다. 성령의 충만함이 영혼 깊은 곳에서 하수같이 쏟아지며 터져 나옵니다.

내면을 들여다보니 나는 하나님의 임재에 대한 갈망으로 불 꺼진 방에 홀로 앉아 있습니다. 그런데 점점 그 방에 빛이 스며들며 환하여지더니 눈동자가 감당하지 못할 정도의 찬란한 빛이 의식을 감쌉니다. 그 빛은 영혼을 관통합니다. 영혼에서 모든 더럽고 추한 것들이 순식간에 빠져 나갑니다.

동산에서 하나님께서 거니시는 소리가 들려옵니다. 하나님께서 나를 부르십니다. 세상에서 이처럼 부드럽고 인자한 음성은 없을 것입니다. 주님의 음성에는 세상이 흉내 낼 수 없는 깊은 사랑이 베여 있습니다. "내 사랑하는 자요, 내 기뻐하는 자가 어디 있느냐." 나는 한걸음에 하나님께 달려가 안깁니다. 나는 하나님을 누리고 하나님을 소유하고 하나님을 먹습니다.

지구 크기만 한 핵 덩어리가 내 영혼 속에서 폭발합니다. 하나님의 사랑이라는 핵 덩어리입니다. 그 덩어리가 내 영혼 속에서 터지자 주체할 수 없는 눈물이 흘러내립니다. 감격의 눈물입니다. 기쁨의 눈물입니다. 더 이상 죄라는 것은 보기도 싫어집니다. 가까이 가기도 싫어집니다. 내 자아마저도 소멸되어 버립니다. 나는 하나님 안에 하나님은 내 안에 계십니다. 온전한 연합이 이루어집니다. "나는 보잘것없다."는 죄책감과 열등감마저 하나님께서 불태워 버리십니다.

나는 내가 맛본 사랑의 힘으로 온 우주를 변화시키고 싶은 강렬한 에너지를 내면으로부터 느낍니다. 하지만 하나님의 사랑이 아니면 한 발짝도 나아가기가 싫습니다. 어디를 가든 무엇을 하든 하나님과 함께 하고 싶습니다. 세상을 변화시키는 것보다 중요한 것은 하나님과 함께 연합해 있는 것임을 시간이 갈수록 더욱 분명히 알 것 같습니다. 내가 가는 길은 하나님이 가시고자 하는 길일 뿐 나는 하나님 안에서만 온전한 안식을 얻습니다.

어떤 날은 동산을 거니시는 하나님의 소리가 들리지 않을 때가 있습니다. 하나님이 나를 만나 주시지 않는 것 같은 느낌이 들 때가 있습니다. 하지만 괴롭지 않고 외롭지도 않습니다. 왜냐하면 하나님의 흔적이 영혼 속에 새겨져 있기 때문입니다. 하나님의 약속을 신뢰하기 때문입니다. 하나님의 부재를 느낄 때마다 나는 하나님의 거룩함과 어울리지 않는 내 자신의 그릇된 모습을 낱낱이 하나님께 가지고 가기를 더욱 힘씁니다. 사랑의 하나님은 내가 진정한 자아의 모습으로 그분 앞으로 나아갈 때 나를 받아 주시기 때문입니다. 내 안에 죄가 없는지, 내 안에 하나님보다 세상을 더 사랑하고, 세상을 더 의지하려는 욕망은 없는지 감찰해야 합니다. 나는 무력한 존재이며 하나님은 능력과 영광을 홀로 받으실 분임을 내면으로부터 터져 나오듯 고백하고 나아갑니다.

이윽고 다시 하나님의 음성이 메아리쳐 옵니다. 하나님과 나는 다시 하나가 됩니다. 십자가가 즐거워집니다.

우면산 자락에서 하나님과 하는 데이트는 세상 무엇보다 값진 보석 같은 시간입니다. 하나님의 깊은 임재는 내 삶을 송두리째 내주고 나서도 더 내주기를 원하는 갈망을 영혼 속에 부어 줍니다. 이러한 하나님의 임재는 시내가 흘러 바다에 이르듯이 내 삶의 모든 일상에까지 이어집니다.

◎ 내면 향하기

당신의 손과 발이 떨리고, 분주함 가운데 머리가 지끈거리고 가

숨이 답답해진다면 그건 영혼이 내는 경고입니다. 쓸데없는 말이 많아지고 감정의 주전자가 끓어 넘치는 것 같고, 아내나 누군가가 하는 이야기를 귓등으로 흘려버리기 시작한다면 당신의 영혼에 적색 신호가 켜진 것입니다. 누군가를 모른 체하며 지나가거나 비판하기에 빠르다면 당신의 영혼은 육신에까지 곧 병을 몰고 올 것입니다.

영혼을 어지럽히고 망치는 이러한 현상들은 공통된 원인을 가지고 있습니다. 당신의 의식이 끝없이 외부를 지향하게 되었기 때문입니다. 이럴 경우 달리는 영혼에는 브레이크가 없습니다. 사람들은 영혼 밖의 것으로 내면을 만족시키려고 발버둥을 치지만 정작 내면은 영혼 밖의 것으로 채워지지 못합니다. 영혼의 밖에서는 하나님을 만날 수 없습니다. 하나님께서는 우리의 내면에 계십니다. 우리는 대체 어디에서 우리의 주님을 찾고 있습니까. 외부의 현상들을 통해 하나님께서 말씀하시기도 하지만 우리는 결국 내면에서 하나님을 만나게 될 것입니다.

> "바리새인들이 하나님의 나라가 어느 때에 임하나이까. 묻거늘 예수께서 대답하여 이르시되 하나님의 나라는 볼 수 있게 임하는 것이 아니요 또 여기 있다 저기 있다고도 못하리니 하나님의 나라는 너희 안에 있느니라."(눅 17:21)

이처럼 예수님은 우리들이 영혼 밖에서 하나님을 찾는 행위의 무용성을 미리 경고하고 계십니다. 흔들리면 안 됩니다. 사람들이 여기서 혹은 저기서 하나님을 만났다고 하더라도 절대 동요하지 말아야 합니다. 하나님의 나라는 다른 곳이 아닌 우리의 내면에 있기 때문입니다(The Kingdom of God is in you.).

"너희는 너희가 하나님의 성전인 것과 하나님의 성령이 너희 안에 계시는 것을 알지 못하느냐."(고후 3:16)

우리들은 하나님의 성전입니다. 하나님께서 거하시는 성전입니다. 그렇기 때문에 하나님께서는 우리 안에서 우리를 친히 만나 주십니다. 이 사실에 대한 믿음을 가지고 우리의 모든 영혼을 내면에 계신 하나님께로 집중시킬 때 하나님의 임재를 경험하게 될 것입니다. 모든 생각을 외적인 것에서 돌이켜 가장 깊은 우리의 내면을 향해야 합니다.

"예수께서 대답하여 이르시되 사람이 나를 사랑하면 내 말을 지키리니 내 아버지께서 그를 사랑하실 것이요 우리가 그에게 가서 거처를 그와 함께 하리라."(요 14:23).

하나님께서는 스스로의 거처를 우리 영혼 안에 두시겠다고 분명히 약속하셨습니다. 하나님을 만나기를 갈망하는 당신은, 하나님의 임재를 갈망하는 당신은 하나님께서 당신 안에 거처를 두셨다는 사실을 마음에 새겨야 할 것입니다. 예수 그리스도를 주로 고백한 우리들이 바로 하나님의 성전이 되었으니 하나님이 하나님의 성전에 거하는 것은 지극히 당연하고 자연스러운 일입니다. 구약의 한 구절은 하나님이 거처를 정하신 우리의 영혼이 본래적으로 어떤 모습인지에 대해 잘 말해 주고 있습니다.

"웃시야 왕이 죽던 해에 내가 본즉 주께서 높이 들린 보좌에 앉으셨는데 그의 옷자락은 성전에 가득하였고 스랍들이 모시고 섰는데 각기 여섯 날개가 있어 그 둘로는 자기의 얼굴을 가리었고 그 둘로는 자기의 발을 가리었고 그 둘로는 날며 서로 불러 이르되 거룩하다 거룩하다 거룩하다 만군의 여호와여 그의 영광이 온 땅에 충만하도다 하더라."(사 6:1~3)

이 본문은 하나님께서 자신의 처소인 성전에 거하시는 모습을 잘 그려 놓고 있습니다. 성전인 우리의 영혼 속에 하나님께서는 어떻게 거하고 계십니까. 주님은 우리 내면의 보좌에 앉아 계십니다. 주님의 향기롭고 아름다운 사랑의 옷자락은 우리의 내면에 가득하게 펴져 있습니다. 내면의 어떤 영역도 주님의 두루마기를 벗어날 수 없습니다. 주님은 그의 공의와 자비의 옷으로 우리의 영혼을 절대적으로 통치하시길 원하고 계십니다. 거룩하지 않은 우리 안에 거룩하신 하나님께서 거하시는 것입니다. 히브리어로 세 번 이상 말하면 엄청나게 중요한 의미를 담고 있습니다. 거룩하고, 거룩하고 또 거룩하신 여호와, 즉 거룩함이 완전하신 여호와께서 병들고 상처 입은 우리의 영혼을 자신의 성전으로 삼으시고 거룩함으로 의롭다 하십니다. 할렐루야.

외면적으로는 하나님의 음성을 들을 수 없습니다. 내면을 향하여 직접 말씀하시는 하나님께 민감한 귀를 기울여야 합니다. 사무엘은 하나님을 향해 이렇게 외쳤습니다.

"여호와여 말씀하옵소서. 주의 종이 듣겠나이다."(삼상 3:9)

우리의 삶도 하나님의 음성을 청종하기 위해 내면을 향해야 할 것입니다. 간절히 하나님의 임재를 갈망하기를 바랍니다. 토마스 아 켐피스는 영원한 진리 되신 하나님께서 직접 말씀하시기를 갈망하며 늘 내면에 계신 하나님께 나아갔던 사람입니다.

"혹시라도 외적으로만 주를 경외한다 하고, 내면으로는 마음의 불이 붙지 않아 아무 결실도 없이 제 생이 끝날까 두렵나이다. 주의 말씀을 듣고도 마음이 충만하지 못하고, 주의 말씀을 알면서도 사랑하지 못할까 봐, 또 말씀을 믿으면서도 그것을 따라 살지 못할까 봐 두렵나이다. 주여! 말씀하옵소서. 주의 종이 듣겠나이다. 주께서 영생의 말씀을 주시니, 제게 말씀하시면 제 영혼이 안식을 얻을 것입니다. 제 영혼에 위로가 되고, 영원히 주께 찬사와 영광과 끝없는 존경을 바치기 위하여, 주여 말씀하소서."

우리 인생의 가장 최고의 목표가 내면에 계신 하나님의 임재를 경험하는 삶이 되게 하는 것이 중요합니다. 덧없는 것에 시간을 낭비하지 말아야 합니다. 영원한 삶을 추구해야 합니다. 하나님께서는 우리들이 진정으로 행복한 삶을 누리기를 원하고 계십니다. 하나님이 기뻐하시는 삶을 사십시오. 그것은 허상과 속임수뿐인 세상의 모든 것에서 돌이켜 하나님이 계신 내면을 향해 우리의 영혼을 움직이는 것으로부터 시작합니다. 만일 우리가 내면의 음성에 귀를 기울이지 않고 외부 세계를 향한 욕망을 차단해야 한다는 주님의 말씀을 무시한다면 우리는 결코 내면에서 말씀하시는 하나님의 음성을 들을 수가 없을 것입니다. 하나님의 음성은 대부분 세밀하게 우리 곁으로 다가오기 때문에 항상 우리 영혼의 귀를 열어 놓아야 합니다.

"또 지진 후에 불이 있으나 불 가운데에서 여호와께서 계시지 아니하더니 불 후에 세미한 소리가 있는지라."(왕상 19:12)

엘리야에게 다가온 하나님의 음성도 이처럼 세밀하게 들렸습니다. 보통 사람 같았으면 세밀한 하나님의 음성을 잡음이나 소음

정도로 알고 간과해 버리지 않았겠습니까. 지진과 불이 일어나는 어수선하고 황망한 사건 가운데 우리가 엘리야처럼 서 있다면 우리는 세밀하게 들려오는 하나님의 음성에 반응할 수 있을까요.

우리가 평소에 영혼을 내면에 계신 하나님께로 향하는 훈련을 하지 않는다면 우리는 결코 분주하고 정신없는 환경 속에서 하나님의 임재를 경험할 수 없을 것입니다.

엘리야는 바다에서 손바닥만 한 크기의 구름이 일어나는 것을 보고도 하나님께서 비를 내려 주실 거라고 한 약속이 성취되고 있음을 통찰할 만큼 하나님의 임재에 민감한 사람이었습니다. 임재에 민감한 사람이 되는 것은 엘리야에게만 가능한 일이 아닐 것입니다. 우리도 하나님의 임재를 엘리야처럼 민감하게 경험할 수 있는 존재입니다. 성경은 엘리야가 우리처럼 성정이 같은 사람이었다고 기록하고 있습니다(약 5:17). 그는 갈멜산에서 바알의 신들을 이긴 사람이었지만 동시에 이세벨의 테러 위협에 브엘세바로 도망친 사람이기도 했습니다. 이 책 초반에서도 말했듯이 우리는 누구든지 하나님의 임재로 부르심을 받았음을 이 시간 기억해야 합니다. 누구든 예외 없이 믿음으로 하나님의 임재로 나아가기를 원한다면 하나님께서는 그의 얼굴을 보여 주시기를 기뻐하실 것입니다.

◎ 고요한 곳으로

하나님을 만나기 위해서 조용한 곳으로 나아가는 것은 우리가 흔히 생각하는 것보다 훨씬 중요한 일입니다(눅 5:16). 고요하고 한적한 곳에 머무는 것을 좋아하지 않는다면 영혼을 내면의 세계로 방향 돌린다는 것은 불가능한 일입니다. 조용한 곳으로 나아가라는 말은 외적으로 조용한 장소를 말하는 것과 동시에 우리의 영혼이 침묵해야 한다는 것을 또한 말하고 있습니다. 우리는 왜 침묵해야 합니까. 타락한 우리의 영혼이 하나님의 음성을 듣기 위해서입니다. 하나님께서 우리에게 말씀하시기를 원할 때는 우리의 모든 관심과 의식을 최대한 하나님의 목소리에 집중시킬 것을 요구하십니다. 14세기 수도사 토마스 아 켐피스는 『그리스도를 본받아』에서 신앙인이 하나님을 만나기 위해 골방과 더불어 침묵과 고독을 사랑하는 것이 얼마나 중요한지를 권면하고 있습니다.

"홀로 깊은 명상을 하기에 적당한 시간을 따로 정해서 하나님의 은총에 대해 자주 생각하도록 하라. 모든 하찮고 사소한 문제들을 잊어버리고, 생각을 즐겁게 해 주는 책이 아닌 영혼의 참회를 고취하는 책을 읽으라. 만일 불필요한 대화와 무익한 방문을 삼간다면, 아무 근거 없는 소식이나 잡담에 귀 기울이지 않는다면, 명상하기에 적절한 시간을 찾을 수 있을 것이다. 위대한 성자들은 가능한 한 사람들과의 교제를 피했는데, 그 이유는 침묵하며 하나님을 위해 살기를 원했기 때문이다.

누군가 이렇게 말했다. '사람들을 만나러 나갈 때마다 나는 더 모자라는 사람이 되어 돌아왔다.' 우리가 사람들과 오랫동안 이야기할 때 우리는 이 말이 사실임을 깨닫게 된다. 해야 할 말을 참는 것보다 아예 침묵하는 것이 더 쉽다. 사람들이 많이 모인 곳에서 항상 조심하는 것보다 집에 머무르는 편이 더 쉽다. 만일 열렬히 영적인 삶을 목표로 산다면, 예수님께서 하신 것처럼 군중들을 떠나 한적한 곳으로 가야 한다. 사람들 앞에 나타나서 안전할 수 있는 사람은 오직 집에 머물러 있기를 희망하는 사람이다. 오로지 침묵하기를 좋아하는 사람만이 안전하게 말할 수 있다. '자리에 누워 심중에 말하고 잠잠하라.' 고요를 깨지 말라. 골방으로 들어가라. 그대의 방에서 예수님과 함께 거하라(마 6:6). 예수님과 함께 있는 것보다 더 큰 평화는 어디에도 없다. 만일 그대가 방을 떠나지 않고, 또 잡담에 귀 기울이지 않는다면 평화를 보전할 수 있을 것이다.”

◎ 병실에서

얼마 전 크론병에 걸려 아주대 병원에 입원해 있을 때였습니다. 병실은 6인실이었습니다. 저마다 다양한 병명을 지고 누워 있었습니다. 병에 걸린다고 모두 하나님의 섭리를 깨닫는 것은 아닌가 봅니다. 6인실에 누워 있는 사람들의 마음은 변한 게 없어 보였습니다. 낙망으로 식사를 대신하고 잠꼬대로 누군가를 저주하는 사람도 있었습니다. 마음이 아파 왔습니다.

어두움이 짙어 가는 새벽 성령님께서는 나를 깨우셨습니다. 나는 그 어둡고 절망스런 분위기가 감도는 병실에 앉아 하나님과 마주했습니다.

'자비로우신 하나님, 전능하신 하나님, 나를 끝까지 사랑하시는 하나님, 신실하신 하나님, 나를 친구 삼으신 하나님, 보좌에 앉으신 하나님, 나를 위해 생명을 버리신 하나님, 나를 양자 삼으신 하나님, 아름다우신 하나님, 나를 포기하지 않으시는 하나님, 빛 되신 하나님……'

성령님은 하나님의 속성을 표현하게 하셨습니다. 하나님의 일은 하나님의 영만이 알 수 있다고 했듯이 성령님이 내 영혼에 말씀을 주셨습니다. 밀려오는 고통에도 불구하고 고백할 수 있는 새 힘을 공급해 주셨습니다. 하나님의 속성을 이야기하다보니 그 표현은 수백 가지로도 모자랄 정도였습니다. 그러면서 한 가지 깨달음이 왔습니다.

"하나님은 인간의 언어에 제한받으시는 분이 아니구나."

이 인식으로 또 다시 굴복하게 되었습니다. 하나님은 그분의 이름 앞에 놓일 형용사가 전혀 필요 없으실 만큼 스스로 존귀한 분이심을 알게 되었습니다. 주님을 정의하려고 하고, 인생에 일어나는 일들을 적당히 해석하려 했습니다. 감히 주님의 이름으로. 기껏 100년을 살아가는 육신을 입은 몸으로 어느 것에도 제한받지 않는 분의 뜻을 정의하려 한 나는 참으로 죄인이었습니다. 그런데도 주님은 나를 왜 이렇게 인도하시는지 묻게 되었습니다. 주님께 수많은 질문을 던졌는데 어느새 나는 주님 앞에 감사의 제사를 드리고 있었습니다. 하나님께서는 말씀하셨습니다.

> "무지한 말로 생각을 어둡게 하는 자가 누구냐. 너는 대장부처럼 허리를 묶고 내가 네게 묻는 것을 대답할지니라 내가 땅의 기초를 놓을 때에 네가 어디 있었느냐 네가 깨달아 알았거든 말할지니라."(욥 38:2~4)

주님께 대답했습니다.

"나는 알지 못합니다. 인생에게 베풀어 주신 주님의 오묘한 섭리들을 나는 아무것도 알지 못합니다. 내가 주께 대하여 귀로 듣기만 하였사오나 이제는 눈으로 주를 뵈옵나이다."

나는 천천히 걸어 내과 병동 복도로 나왔습니다. 키가 큰 아내는 딱딱한 보조침대에 웅크리고 누워 불편한 듯 잠을 뒤척이고 있었습니다. 간호사실 옆에 있는 체중계에서 몸무게를 잰 뒤 7층 복도 끝으로 미끄러지듯 걸어갔습니다. 놀랍게도 창밖에는 함박눈이 끝없이 쏟아지고 있었습니다. 노란 네온 가로등에 비친 눈송이들은 마치 불덩이같이 보였습니다.

"아!"

하나님께서 주시는 임재와 축복 앞에서 탄성밖에 드릴 게 없었습니다. 전 우주가 나를 위해 창조되었고, 나는 전 우주를 동원해 하나님을 찬양하도록 창조되었음을 알게 되었습니다. 그 조용한 새벽에 하나님과 나와의 은밀한 사랑은 그렇게 달콤했습니다.

병실은 인간적인 능력이 한계를 선포하는 자리입니다. 영혼이 내면을 향하기에는 더없이 좋은 영적 환경이 될 수 있습니다. 어떤 의미에서 우리는 이 같은 병실에서 살아가고 있는지도 모릅니다. 우리의 눈으로는 새파랗게 우리의 자아에 자심감이 가득 차 있고, 당장 내일 누군가와의 약속이 있고, 돈이 들어올 데가 있는 등 어떤 인간적인 기대감이 삶을 이끌고 갈 때가 많습니다. 하지만 하나님의 임재가 없는 삶은 희망이 종말을 고하고, 능력이 무력감을 드러내는 병실과 같습니다. 병실과 같은 우리의 삶에도 길은 있습니다. 조용히 영혼을 내면으로 향하는 것입니다. 내면에 계신 하나님께로 연약하고 고꾸라진 우리의 영혼을 조용하고 민감하게 향해 드리는 것. 이것이 하나님의 임재로 열리는 문의 키입니다.

◎ 황막한 아프간에서

아프간 피랍사건이 일어나기 일 년 전 아프간을 갈 기회가 있었습니다. 아프간의 고요함은 한국에서의 고요함과는 차원이 다릅니다. 사형 집행 전의 막막함이나 전쟁 전야의 두려움 같은 것이 세밀한 분자가 되어 사람들의 영혼을 위협하고 다니는 고요입니다. 새벽은 물기라고는 다 말라 버린 사과 속살처럼 황막하기 짝이 없습니다. 새벽 5시에 일어난 나는 숙소 앞마당으로 나가 하나님의 임재를 갈망했습니다. 체포되시기 전날 밤 죽음의 그림자가 예수님의 목숨을 노릴 때 예수님은 얼마나 하나님께 나아가는 것이 힘들었을까요. 오랜 전쟁으로 폐허가 된 아프간의 여명이 그랬습니다. 눈을 들어 산을 보았습니다. 나무 하나 없는 민둥산은 테러와 가난을 피해 지방에서 올라온 도시 빈민들이 덕지덕지 어깨를 맞대어 세워 올린 초라한 흙벽돌집들을 등에 짊어지고 가파르게 솟아 있었습니다. 하늘 위로 한 마리 검은 새가 큰 원을 그으며 동쪽으로 날아갔습니다.

조금 망설임 끝에 끈적끈적하고 무기력한 황막함을 뚫고 하나님 앞으로 나아갔습니다. 그 땅의 피비린내 나는 역사가 고통의 무게를 매달고 영혼 속으로 무겁게 내려앉았습니다. 묵상 가운데 괴로움을 이기지 못하고 엎드렸습니다. 하나님의 임재만이 나를 괴로움에서 벗어나게 해 줄 터이니 모든 어지러운 생각을 접고 하나님의 임재를 갈망하자. 시간이 얼마나 흘렀을까요. 동쪽 높은 산 너머로 붉은 태양이 뜰 무렵 하나님께서는 아프가니스탄을 향한 하나님의 마음을 성경말씀을 통해 강하게 보여 주셨습니다.

"생각하건데 현재의 고난은 장차 우리에게 나타날 영광과 비교할 수 없도다. 피조물이 고대하는 바는 하나님의 아들들이 나타나는 것이니 피조물이 허무한데 굴복하는 것은 자기 뜻이 아니요. 오직 굴복하게 하시는 이로 말미암음이라. 그 바라는 것은 피조물도 썩어짐의 종노릇 한 데서 해방되어 하나님의 자녀들의 영광의 자유에 이르는 것이니라. 그뿐 아니라 또한 우리 곧 성령의 처음 익은 열매를 받은 우리까지도 속으로 탄식하여 양자 될 것 곧 우리 몸의 속량을 기다리느니라."(롬 8:18~23)

이보다 더 정확하게 아프가니스탄을 향한 주님의 마음을 표현한 말씀이 있을까라는 생각이 들 정도로 기쁨이 소름처럼 돋아났습니다. 하나님은 아프간 백성들을 지극히 사랑하시며 그들이 종노릇 하는 데서 해방되어 하나님의 자녀가 되기를 간절히 원하고 계신다는 생각이 강한 파도처럼 밀려왔습니다. 하나님의 임재에 있어서 버려진 땅이란 없지 않겠습니까. 하나님의 통치는 미치지 않는 곳이 없습니다. 하나님의 통치는 사랑에 의한 통치입니다. 하나님은 아들 예수 그리스도를 십자가에 못 박음으로써 아프간 백성들에 대한 자신의 사랑을 확증하셨습니다. 하나님의 임재가 그 땅 가운데 동일하게 나타나고, 아프간 백성들을 향한 하나님의 영원한 사랑의 마음이 마음에 쏟아지기 시작하자 주체할 수 없이 뜨거운 눈물이 흘러내렸습니다. 아침 식사로 아프가니스탄 사람들이 흔히 먹는 '넌'(누룩을 넣지 않고 만든 넙적한 빵)을 먹고 있는데 그 넌 위로 눈물이 떨어졌습니다.

하나님의 임재는 그날 나를 카불대학교로 이끄시더니 한 남자를 만나게 하셨습니다. 그 남자의 이름은 자커(Zaker)였습니다. 자커는 누가 보더라도 멋있게 생긴 청년이었습니다. 첫눈에 그가 예수님 같은 모습을 하고 있다는 생각이 들 정도였습니다. 카불대 농대 4학년 학생이었는데 한국 청년들이 자원봉사로 컴퓨터를 가르치고 있는 강의실 앞에서 그를 만났습니다. 파쉬툰과 타직 종족 다음으로 아프간에서 많은 인구 비율을 갖고 있는 하자르 종족 출신이었습니다. 하자르 종족은 오래전 아프가니스탄을 침략했을 때 무참한 살육을 자행한 몽골인들의 후손입니다. 몽골 계열이어서 그런지 한국 사람과 닮은 구석이 많아 보였습니다.

자커를 처음 보았을 때 그는 복도에서 학생들이 이슬람 예식을 하고 있는 모습을 물끄러미 응시하고 있었습니다. 이런 저런 얘기를 나누던 중 그는 나에게 그리스도인이냐고 별안간 물어 왔습니다. 그렇다고 대답했습니다. 자커는 카불대를 가이드해 주겠다며 나를 수풀이 무성하게 자란 교정으로 이끌었습니다. 잠시 후 놀라운 사실을 알게 되었습니다. 그의 입술에서 자신의 아버지가 그리스도인이었다는 말이 튀어나왔습니다. 그의 아버지는 외국에 거주하다 하나님의 부르심을 받고 아프간으로 다시 돌아왔는데 그가 기독교로 개종한 것을 알아차린 마을 사람들에 의해 돌에 맞아 죽었다는 것입니다. 자커는 하나님을 믿는다는 것이 아프간에서 얼마나 위험한 일인지를 말해 주었습니다. 그의 단짝 친구조차도 자신이 하나님을 믿고 있다는 사실을 알지 못한다고 했습니다. 순간 그의 마음속에 있는 한 조각의 두려움이 보였습니다. 그날 아침 묵상 가운데 하나님께서 왜 로마서 8장의 말씀을 주셨는지 점점 분명해졌습니다. 나는 자커에게 아침에 받은 말씀을 풀어 주면서 그가 바로 피조물들이 고대하는 하나님의 아들임을 알려 주었습니다. 그리고 썩어질 것에 굴복하지 말고 영광의 주님을 붙들면서 소명을 이룰 것을 함께 기도했습니다. 나는 나무 십자가 목걸이를 그에게 건네주었고, 그는 우정의 키스를 해 주었습니다.

그와 헤어져 숙소로 돌아오는 버스 창밖으로 먼지 날리는 카불 시내와 민둥산들이 다시 보였습니다. 인생을 향해 그리고 민족들을 향해 하나님께서 일하시는 방법이 참 오묘하다는 생각을 내내 했습니다. 차창 밖으로 아프간에 가득 찬 하나님의 임재를 기쁨으로 바라보았습니다. 성경 말씀은 역사로 굳어 버린 텍스트가 아니라 오늘도 현재형으로 말씀하시는 하나님의 음성이며 하나님의 임재 그대로임을 고백하지 않을 수 없었습니다.

자커와의 만남으로 이끈 힘은 무엇일까요. 황막한 새벽 찾아오신 하나님의 임재였습니다. 하나님의 임재는 어떠한 황막함과 절망적인 순간에도 일어납니다. 삶의 황막한 순간이 우리들의 삶에 찾아올 때가 있습니다. 그때마다 내면을 하나님께로 향한다면 황막한 순간은 축복의 시간으로 재해석될 것입니다. 아주 시끄럽고 분주한 시간에 우리들이 할 일은 검소하고 단순한 생활 속으로 들어가 하나님의 임재를 경험하는 것입니다. 이와 동시에 너무나 외롭고 적막한 순간에 우리들이 해야 할 일도 외부적 비상구를 찾겠다는 유혹을 저지시키고 더욱 깊은 내면에 계신 하나님께로 의식과 영혼을 모으는 것입니다.

◎ 자석 같은 하나님

하나님의 임재를 경험하기 위해서 의식을 내면으로 향할 때 대부분의 사람들은 처음에 아주 힘들어 합니다. 모든 생각과 영혼을 내면에 계신 하나님께로만 집중시킨다는 것은 말처럼 그리 쉬운 일만은 아닙니다. 사람의 생각은 5초에 한 번씩 다른 생각으로 건너뛴다는 보고서를 읽은 적이 있습니다. 우리 머릿속에 고성능 확성기를 갖다 대고 들어보면 지구가 자전하는 정도의 엄청난 소음이 들려올지도 모르겠습니다. 그 정도로 소란스럽고 방향 없는 곳이 우리네 머릿속입니다. 그런 우리가 하나님을 향해 갈 때 우리들의 의식은 얼마나 산란해지고 방향을 잃어버리는지.

하나님을 향해 갈 때 우리의 의식이 산란해진다면 포기하지 말고 흩어지는 생각들을 다시 하나님께로 돌려놓기를 힘써야 합니다. 이때 자신의 생각으로부터 멀어집니다. 다시 또다시 주님의 임재 가운데로 돌아가기를 계속해야 합니다. 이 과정에서 반드시 명심해야 하는 중요한 사실이 하나 있습니다.

하나님의 임재로 나아갈 때에는 하나님을 향한 사랑 그 자체만을 바라며 나아가기를 힘쓰는 것입니다. 주님께 나아갈 때는 우리의 모든 기도제목들을 내려놓기를 바랍니다. 자신의 모습이 어떠하건 그 모습까지도 내려놓아야 합니다. 하나님의 임재를 체험하기를 원한다는 목적의식마저도 내려놓아야 합니다. 오직 하나님을 먹기 위해 나아갑니다. 하나님을 소유하기 위해 나아갑니다. 하나님만을 즐거워하는 마음으로 나아갑니다. 하나님만을 기쁘시게 해드리기 위해 나아갑니다. 이것이 왜 중요합니까. 하나님만으로 즐거워하는 모습을 그분은 가장 기뻐하시기 때문입니다.

퇴원한 뒤 하나님의 임재로 들어갈 때 사단은 내 속에서 온갖 부정한 것들을 끌어내어 하나님 앞으로 나아가지 못하도록 막았습니다. 너는 육신의 병을 가지고 있어. 거짓을 말하는 자며, 음란한 자며, 미움이 가득한 자며, 하나님의 말씀에 순종하지 않는 자야. 사단은 계속 생각나게 했습니다. 사단의 목적은 분명해 보였습니다. 나의 가장 연약하고 수치스러운 부분들을 가차 없이 끌어내어 하나님과 나 사이를 이간질합니다. 하지만 참 좋으신 하나님은 나를 이렇게 불러 주십니다.

"너는 신랑인 나의 아름다운 신부다."

이 말씀은 순식간에 사단의 속임수를 몰아내기에 충분했습니다. 사단은 나와 하나님과의 친밀한 관계를 확인하고는 아연 놀라움을 감추지 못하고 달아나 버렸습니다. 이 말씀에 비추임을 받은 영혼은 마치 빛의 속도로 하나님이 계신 깊은 곳으로 빨려들어 갔습니다. 나를 신부로 바라보신다는 것은 어떤 의미입니까. 솔로몬이 술람미 여인을 향해 한 고백을 들어 보십시오.

"나의 사랑하는 자가 내게 말하여 이르기를 나의 사랑, 내 어여쁜 자야 일어나서 함께 가자 겨울도 지나고 비도 그쳤고 지면에는 꽃이 피고 새가 노래할 때가 이르렀는데 비둘기의 소리가 우리 땅에 들리는구나. 무화과나무에는 푸른 열매가 익었고 포도나무는 꽃을 피워 향기를 토하는구나. 나의 사랑, 나의 어여쁜 자야 일어나서 함께 가자."(아 2:10~13)

하나님의 우리를 향한 사랑의 마음을 잘 보여 주고 있는 대목입니다. 하나님의 목적은 무엇일까요. 우리와 깊고 친밀한 사랑의 관계를 맺는 것입니다. 하나님은 나의 어떠한 단점과 부정적인 요소에도 불구하고 나를 어여쁜 자라고 불러 주십니다. 그리고 하나님의 영원한 사랑 한가운데로 우리를 초청하십니다. 부정적이고 악취가 진동하는 잔해를 움켜쥔 채 우리는 두려움에 떨고 있습니다.

신랑인 하나님은 나를 반가워하지 않을 거야. 나의 문을 열 수 없어. 수치만 당할걸. 하지만 우리를 향하신 하나님의 부드럽고 불변하는 초청을 들어 봅시다. "일어나라. 함께 가자."(아 2:10)

언젠가 동네에서 아들을 잃어버린 적이 있습니다. 그때 잃어버린 한 마리의 양을 찾아 길을 떠나는 하나님의 마음이 절실히 다가왔습니다. 아들이란 그런 존재입니다. 평소 말을 잘 듣지 않고, 속상하게 하는 일이 있어도 내가 낳은, 나의 형상을 따라 만들어진 아들이기 때문에 결코 그를 잃을 수가 없습니다. 아들이 만일 아버지의 이런 마음을 안다면 어떠한 상황에 있더라도 아버지에게 나오는 것을 주저할 필요가 없습니다. 아버지는 아들의 허다한 허물을 덮어 줄 만반의 준비가 이미 되어 있습니다. 흔히 하나님께서 우리를 '초청한다'는 표현을 쓰기도 하지만 '초청한다'는 말은 하나님의 마음을 나타내기에는 너무나 약한 표현이라는 생각이 들 때가 있습니다. 초청한다는 말은 신사적으로 초대장을 보낸다는 뜻인데 우리가 모든 죄를 뒤집어쓰고 깊은 구덩이에서 생명이 끊어질 듯 허우적대고 있을 때 하나님께서 당신에게 손을 내밀며 신사답게 우리를 초청하실 거라고 생각합니까. 그건 하나님에 대한 오해입니다.

사람들은 하나님을 어쩌다 한 번씩 갈망하지만 하나님은 우리를 목숨을 버리기까지 사랑하십니다. 우리가 아무리 하나님을 갈망하더라도 하나님이 우리를 향한 사랑의 마음보다 클 수는 없습니다. 예수님의 수난을 다룬 '패션 오브 크라이스트'를 보다가 울컥 울음이 쏟아진 장면이 있습니다. 예수님께서 거대한 십자가의 무게를 견디지 못하고 가파른 골고다 언덕길에서 쓰러지는 장면과 과거의 한 장면이 오버랩되는 부분입니다. 예수님께서 어린 시절 어던가에 걸려 넘어지자 어머니 마리아가 하던 일을 다 뿌리치고 놀란 얼굴로 달려가는 장면입니다. 아이가 넘어질 때 부모의 마음이 얼마나 아픈지 경험적으로 알기에 가시관을 쓴 채 넘어지는 아들 예수를 십자가 곁에서 바라보는 마리아의 고통스런 심정이 그대로 전해져 왔습니다. 가슴이 터질 것 같았습니다. 그러다 영화 속에서 나의 시선은 하늘에 계신 하나님께로 전환되었습니다. 십자가에 못 박히고 세상으로부터 버림받은 아들 예수를 바라보며 하나님의 심장은 다 망가지셨습니다. 정신은 쇠약해지고 모든 뼈들은 부러지고 말았을 것입니다. 이것이 하나님이 우리를 바라보는 마음입니다. 이처럼 하나님의 관심은 온통 우리들에게 쏠려 있습니다.

우리를 향한 하나님의 지극한 사랑과 관심을 이야기한 것은 자석과 같은 하나님을 강조하기 위해서입니다. 하나님은 세상에서 가장 강력한 자석입니다. 아무도, 어떤 것도, 음부도, 심지어 죽음까지도 주님이 우리를 끌어당기는 자성을 막아설 수 없습니다. 우리는 하나님의 임재를 경험하는 삶이 어렵다고 말하지는 않습니까. 하나님께 나아가기 위해서는 뭔가 선하고 의로운 일을 쌓아 올려 한 발짝 한 발짝 하나님께 힘겹게 나아가야 한다고 생각하지는 않습니까. 당신의 내면이 하나님을 향하기 시작했을 때 하나님이 과연 당신을 만나 주실까 의심하지는 않습니까.

걱정하거나 두려워하지 마십시오. 우리의 영혼이 우리의 내면에 계신 하나님을 향하기로 결정하고 방향을 틀기 시작할 때부터 우리는 마치 자석에 끌리듯 하나님의 임재 가운데로 들어가게 됩니다. 이것을 잔느 귀용 여사는 '중심 지향의 법칙'(the law of central tendancy)이라고 했습니다.

자성에 끌릴 때 우리들이 해야 할 일은 무엇입니까. 우리를 끌어당기시는 하나님의 사랑의 힘에 우리를 온전히 맡기는 것이 우리가 오직 해야 할 일입니다. 만일 하나님께 나아갈 때 자신의 지혜와 의를 의지하면서 나아간다면 이는 하나님과 우리 사이에 작용하는 사랑의 자성을 막아서는 장애물로 작용하게 될 것입니다. 양은 목자의 음성에 전적으로 따르고, 신부는 신랑의 음성에 온전히 자신을 맡기듯 우리는 하나님을 향해 방향을 틀고 자신을 온전히 맡기기만 하면 됩니다. 하나님과 우리 사이에 자아에서 비롯된 어떠한 장애도 없다면 우리가 하나님께로 이끌리는 강도는 점점 더 강해지며 활발해질 것입니다. 장애물이 방해만 하지 않는다면 우리의 영혼은 아주 빠른 속도로 중심에 계신 하나님께로 달려가게 될 것입니다.

우리는 이때 온전히 수동적이어야 합니다. 수동적인 상태에서 평안을 유지하는 것이 필요합니다. 모든 노력을 멈추고 수동적인 상태가 될수록 우리는 하나님을 향해 더욱 빨리 그리고 강하게 이끌림을 받게 될 것입니다.

"너희는 가만히 있어 내가 하나님 됨을 알지어다."(시 47:10)

이 말씀처럼 하나님께서는 우리가 전적으로 조용히 머물러 있기를 바라십니다. 그리고 수동적으로 하나님께 우리의 영혼을 의탁하기를 바라십니다. 여기서 수동성은 우리의 할 일이 전혀 없다는 의미에서의 수동성이 아닙니다. 우리는 하나님의 하나님 됨을 알려는 능동성을 가져야 합니다. 하나님에 대한 온전한 사랑의 마음을 갖는 것, 흩어지는 영혼을 모아 하나님을 향해 방향을 트는 것, 영혼을 하나님의 사랑에 맡겨 버리는 강력한 능동성이 요구됩니다.

하나님께서 자석처럼 끌어당기는 것은 우리들 자신이지 우리가 뒹굴고 있는 죄와 허물과 탐욕과 음란 등 온갖 더러운 것들은 하나님께서 결코 끌어당기지 않으십니다. 거룩하신 하나님께서는 빛과 어둠이 함께 할 수 없듯이 죄와 악을 끌어당기지 않습니다. 죄를 미워하시는 분이 바로 하나님이십니다. 하나님의 형상을 따라 지음 받은 우리 영혼만이 하나님의 사랑의 자성에 반응해 하나님의 임재 가운데로 끌리는 것입니다.

이는 곧 우리가 하나님의 임재 가운데로 이끌림을 받으면 받을 수록 우리는 외적인 죄로부터 멀어질 수밖에 없다는 것을 뜻합니다.

우리는 하나님께로 나아가면서도 아직 자아의 두꺼운 껍질을 그대로 가지고 있습니까. 주위를 둘러봅시다. 수많은 사람들이 영과 육의 고통으로 괴로워하고 있습니다. 하나님을 만난 사람들에게 오는 고난을 이야기하는 것이 아닙니다. 하나님은 사랑하는 자들에게 고난과 고통을 통과하게 하심으로 더욱 하나님 자신과 가까운 관계를 맺게 하십니다. 이런 사람들은 고난과 고통 가운데서도 즐거워하며 자유로워 합니다. 하지만 자아의 껍질을 칭칭 두르고 있는 사람들은 고난과 고통이 찾아올 때 원망과 불평에 휩싸입니다. 오히려 탐욕에 자기를 복종시킵니다. 쉽사리 자신의 껍질을 벗어 버리려 하지 않습니다. 한 마리의 양도 잃어버리기를 원하지 않으시는 하나님께서는 이럴 때 어떻게 하십니까. 그 껍질을 깨어 부숴 버립니다. 그 껍질이 단단하면 단단할수록 그 사람의 고통은 이루 말할 수 없이 커집니다. 하지만 하나님은 고통을 무릎 쓰고 껍질을 깨어 버리실 것입니다.

어느 날 어린 아들이 밖에서 친구들과 신나게 놀고 들어온 적이 있습니다. 그런데 아들의 몸은 먼지와 흙으로 다 더러워져 있었습니다. 집으로 들어온 아들은 나를 향해 달려왔습니다, 이때 나는 아들을 욕실로 데려가 먼저 씻겼습니다. 안 씻겠다고 떼쓰는 아들의 주장을 무시하고.

하나님께서도 우리가 하나님께 나아가려고 할 때 우리의 의견을 묻지 않으시고 우리의 모든 죄를 씻기십니다.

> "쇠가 불 속에 들어가면 녹이 없어지고 붉게 달아오르는 것처럼 하나님께 전적으로 향하는 사람은 나태함을 버리고 새로운 사람으로 거듭나게 된다."(토마스 아 켐피스)

우리가 하나님을 사랑하는 마음으로 그분 앞에 나아가기를 갈망하면 할수록 하나님은 우리가 입고 있는 육신의 정욕과 안목의 정욕과 이생의 자랑의 옷을 벗기십니다. 더러운 옷을 입은 채 하나님께 나아올 때에도 하나님은 우리를 기뻐하십니다. 하나님은 우리가 어떤 옷을 입었느냐가 아니라 있는 그대로의 모습으로 나아오는 것을 즐거워하십니다. 하나님께서는 우리가 건강한 모습으로 하나님 안에 머물도록 인도하시며 지도하십니다. 하나님이 우리에게 베푸시는 사랑은 흠이 없는 사랑이기 때문입니다. 우리는 하나님의 사랑을 닮아 가도록 부르심을 입었습니다. 옛 옷, 옛 사람을 벗어 버리지 않고서는 하나님과 온전하고 풍성한 교제를 누릴 수 없습니다. 하나님이 우리의 껍질을 깨고, 우리의 때 묻은 옷을 벗기시고, 우리를 씻기실 때 온전히 당신을 맡기십시오. 그러면 모든 것이 쉬워질 것입니다. 만일 이때 저항한다면 하나님께서 "네가 나와 상관이 없다."(요 13:8)고 하시는 말씀을 들어야 될지도 모릅니다.

◎ 하나님 뜻대로

하나님의 임재를 경험하기 위해 나아갈 때 많은 사람들이 생각하는 오해가 하나 있습니다. 자신들이 하나님에게로 가서 하나님을 만난다는 생각입니다. 그러나 이는 잘못된 생각입니다. 하나님은 분명 우리들의 내면에 계시고 또 우리들이 하나님을 만나러 나아갈 때마다 계시지만 분명히 알아야 할 사실은 '하나님께서 만나 주신다'는 사실입니다. 만남의 주체는 하나님이십니다. 다음의 말씀을 봅시다.

> "너희는 여호와를 만날 만한 때에 찾으라. 가까이 계실 때에 그를 부르라."(사 55:6)
> "너희가 만일 그를 찾으면 그가 너희와 만나게 되시려니와."(대하 15:2)
> "너희가 내게 부르짖으며 내게 와서 기도하면 내가 너희들의 기도를 들을 것이요 너희가 온 마음으로 나를 구하면 나를 찾을 것이요 나를 만나리라."(렘 29:12~13)
> "내가 거기서 이스라엘 자손을 만나리니 내 영광으로 말미암아 회막이 거룩하게 될지라."(출 29:43)

공동번역을 보면 이 말씀 모두 하나님께서 우리들을 만나 주시는 것이라고 표현하고 있습니다. 사정이 이렇다면 하나님의 임재 앞에 나아갈 때 과연 우리가 해야 할 일은 무엇입니까. 오직 '갈망하는 것'뿐입니다. 하나님을 갈망하며 나아가는 것이 우리들이 해야 할 모든 것입니다. 하나님이 우리를 만나 주신다는 사실로 인해 혹시 의문에 휩싸이거나 마음이 어려운 사람이 있습니까. '혹 하나님께서 만나 주시지 않으면 어떡하나'라는 불안감이 올라오지는 않습니까. 걱정하지 마십시오. 하나님은 반드시 우리를 만나 주십니다. 하나님은 이미 우리 안에 와 계십니다. 와 계실 뿐만 아니라 우리를 만날 준비를 항상 하고 계십니다. 우리는 간혹 하나님을 만나러 갈지라도 하나님은 언제나 우리를 만날 준비를 하고 계십니다.

> "볼지어다 내가 문밖에 서서 두드리노니 누구든지 내 음성을 듣고 문을 열면 내가 그에게로 들어가 그와 더불어 먹고 그는 나와 더불어 먹으리라."(계 3:20)

하나님은 천지를 창조하실 때부터 우리 영혼의 문을 두드리고 계십니다. 그런데도 우리는 하나님께서 문 두드리는 소리를 듣지 못했다고 하는 이유가 무엇입니까.

> "그러므로 내가 그들에게 비유로 말하는 것은 그들이 보아도 보지 못하며 들어도 듣지 못하며 깨닫지 못함이니라."(마 13:13)
> "이르되 우리가 너희를 향하여 피리를 불어도 불어도 너희가 춤추지 않고 우리가 슬피 울어도 너희가 가슴을 치지 아니하였다 함과 같도다."(마 11:17)
> "성심으로 나를 부르지 아니하였으며 오직 침상에서 슬피 부르짖으며 곡식과 새 포도주로 말미암아 모이며 나를 거역하는도다."(호 7:14)

우리가 만일 하나님의 음성을 듣지 못하고, 경험하지 못한다면 그건 하나님의 책임이 아니라 우리 잘못 때문입니다. 당신은 하나님을 진정으로 갈망합니까. 믿는다고는 하면서도 참 믿음을 가지고 하나님의 임재 앞으로 나아갑니까. 하나님이 우리를 만나기 위해 지금 영혼의 문을 두드리고 계신다는 사실을 믿으십니까.

하나님은 이처럼 우리가 하나님을 찾기 전부터 우리를 찾아오셨습니다. 그러기에 하나님이 우리를 만나 주신다는 말은 우리에게 기쁨과 확신을 주는 말이지 결코 실망을 안겨 주는 말이 아닙니다. 만일 우리가 스스로의 노력으로 하나님을 만난다는 것이 사실이라면 우리들은 엄청난 불행에 빠져들고 말 것입니다. 하나님의 임재를 경험하기 위해 우리는 상상하기 힘든 노력을 해야 할 것입니다. 돈을 벌고, 선행을 하고, 신학을 하고 온갖 것으로 하나님의 임재를 구매하려고 할 것입니다. 하나님께서 만일 침묵이라도 하시면 우리의 절망은 또 얼마나 크겠습니까.

하지만 감사하게도 하나님이 우리를 먼저 찾아와 주셨습니다. 우리는 스스로를 정죄하는 거짓 유혹을 훌훌 털고 하나님이 서 계신 문을 믿음으로 열어드리기만 하면 됩니다. C.S. 루이스는 『순전한 기독교』에서 우리를 먼저 찾아오신 하나님에 대해 이렇게 말했습니다.

> "창 자체가 밝아서 햇빛을 끌어당기는 것이 아니라, 햇빛이 먼저 창을 비추었기 때문에 밝아지는 것입니다."

우리를 찾아오시는 하나님은 우리에게 겸손을 가르치십니다. 하나님 앞으로 나아갈 때 하나님은 우리의 겸손을 보십니다. 노력으로 하나님을 만나는 것이 아니라 전적으로 그 만남의 주도권이 하나님께만 달려 있기 때문에 겸손함으로 나아갈 수밖에 없습니다. 우리 쪽에서 먼저 하나님을 만나고자 나아간다면 불덩이 같은 하나님 앞에서 먼지 같은 우리는 초개같이 불태워져 버릴 것입니다. 그러나 하나님이 예수 그리스도의 대속을 힘입어 우리를 먼저 만나시려고 모든 자비를 베푸셨기에 우리는 담대히 그분을 갈망할 수 있게 되었습니다.

◎ 삶의 내면으로 임재하심

하나님의 임재하심이 반복될수록 우리는 임재하심이 삶의 모든 부분에 걸쳐 쏟아져 내리는 상태임을 발견하게 됩니다. 우리가 모든 의식을 하나님을 향해 돌리고, 내면에서 하나님의 임재를 경험하는 삶이 훈련을 통해 자연스러워지게 되면 우리는 이제 눈을 감자마자 하나님의 임재 가운데로 들어가는 자신을 발견하게 될 것입니다.

일상적으로 경험하게 되는 하나님의 임재는 우리를 하나님과의 친밀한 대화로 인도합니다. 외떨어진 골방으로 굳이 가지 않더라도 우리가 서 있는 곳이 골방이 되게 하는 능력이 우리 삶에 이루어지게 됩니다. 외진 기도원을 찾아가지 않더라도, 시끄러운 공장 안에서도 하나님의 친밀한 임재 가운데로 들어가게 됩니다. 경건의 성숙이 이루어지면 삶의 순간순간마다 하나님의 임재가 우리를 온통 채울 것입니다. 하나님은 점차 이러한 친밀한 관계로 우리와 교제하기를 원하고 계십니다. 아주 사소한 것 하나까지도 하나님의 임재 가운데로 가지고 가는 우리가 되어야 하지 않겠습니까. 이 단계는 하나님 안에서의 완전한 안식을 경험하게 합니다. 우리의 모든 존재가 하나님 앞에서 평안과 고요함 속에 이르게 됩니다.

삶의 전반에 이루어지는 하나님의 임재하심 역시 어떠한 노력이나 경험으로 되는 것이 아닙니다. 하나님과 함께 머물기를 원하는 갈망의 끝자락에서 하나님이 찾아오시는 것입니다. 하나님을 향한 사랑이 점점 커져 갈수록 하나님의 임재도 쉬워진다는 것을 믿으십시오.

우리 삶의 가장 큰 목표가 모든 순간 속에서 하나님의 임재하심이 넘치는 상태를 이뤄 내는 것이라고 말할 수 있습니까. 아무런 특별한 일이 일어나지 않아도 잠잠히 그분의 임재만을 사모하며 기뻐할 수 있습니까. 잔느 귀용 여사의 전인격적인 갈망의 목소리를 들어 봅시다.

> "당신은 다음과 같은 사실을 명심해야 합니다. 예수 그리스도의 거룩한 임재하심으로 차고 넘칠 때까지 채움을 받으며, 또한 깊은 내면세계에서는, 주님께서 당신에게 내려 주시려고 선택하신 것은 무엇이든지 받을 준비가 되어 있는 것이 당신의 유일한 목적이라는 것입니다."

샤워를 하다가도 임재를 향한 깊은 갈망에 빠지곤 합니다. 건널목에서 신호를 기다리다가도 깊은 갈망에 들어가곤 합니다. 당신도 이런 경험이 있을 것입니다.

"그래 바로 이거야. 나는 24시간 하나님의 임재의 기쁨으로 충만하고 싶어. 대체 내가 왜 TV에 빠져 있었을까. 나는 참 미련하구나. 내 육적인 자아는 늘 나의 영적 항상성을 방해해 왔어. 나는 이 거룩하고 신실한 하나님의 임재 가운데 순도 100%의 모습으로 잠기고 싶어. 나는 알아. 세상을 다 준다 해도 아무것도 하나님의 임재의 아름다움과 기쁨을 막지 못해."

길을 가다가 누군가를 보게 될 때도 이런 일들이 일어납니다. 안면이 있는 사람이 멀찍이서 지나가는 대도 나는 일부러 아는 채 하지 않고 가던 길을 갑니다. 그렇게 지나쳐 가다 보면 갑자기 내 의식 속으로 하나님의 빛이 들어와 말씀하십니다. 사랑의 표정을 지으면서 하나님이 내 영혼을 만지기 시작하십니다.

"너는 나를 누구라고 생각하느냐. 네게 일어나는 모든 일들이 나에게서 나온 것임을 너는 믿느냐. 그렇다면 방금 네 시선 속으로 내가 보낸 그 사람을 너는 무슨 이유로 외면하고 지나쳤느냐. 너를 위해 그 사람을 내가 네게 보냈고, 그 사람을 위해 내가 너를 그에게 보냈는데도 너는 나의 음성에 민감하지 못했구나. 항상 나의 임재를 갈망하지 않는다면 어떻게 불 속에서, 잿더미 속에서 들려오는 세미한 나의 음성을 청종할 수 있겠느냐."

그때 나의 대답은 이렇습니다.

"오. 나의 주님. 나는 사람을 만나기를 두려워합니다. 내 성격은 그리 외향적이지 못해 사람들을 만나면 주눅이 들어 버립니다. 또 시간도 없었습니다. 저는 무언가를 하기 위해 바삐 가는 중이었거든요. 그 사람을 아는 체하면 우리는 얘기를 나눌 것이고, 예기치 않게 그 대화가 길어진다면 내 계획에 차질이 생긴단 말이에요. 그리고 주님. 어떤 때는 내가 맘에 들어 하지 않는 사람이 지나갈 때도 있습니다."

하나님께서 신실하게 다시 말씀하십니다.

"너는 허리를 동이고 내가 네게 말하는 것을 들으라. 나 여호와의 생각이 너의 생각과 다르며 내 길은 너의 생각과 다르다는 것을 기억하라. 비와 눈이 하늘로부터 내려서 그리로 되돌아가지 아니하고 땅을 적셔서 소출이 나게 하며 싹이 나게 하여 파종하는 자에게 종자를 주며 먹는 자에게는 양식을 주는 것과 같이 내 입에서 나가는 말은 결코 헛되이 내게로 되돌아오지 아니하고 나의 기뻐하는 뜻을 이루며 내가 보낸 일에 형통하니. 아들아. 네가 만일 하루의 순간순간을 나의 임재 가운데 거할 수만 있다면 내 뜻이 다 이해되지 않더라도 나의 길에 순종할 터인데 너는 아직도 가끔씩만 나의 임재를 구한다. 너는 필요할 때만 나를 찾는구나. 나는 너의 삶 가운데 항상 임재하기를 원한다. 많은 경우에 나의 길은 네가 생각하는 길과 다를 것이다. 그때마다 나를 배우고 나를 따르려거든 포도나무에 가지가 붙어 있듯이 언제나 나의 임재 가운데 머물기를 바라노라."

하나님은 나를 곧장 가르치십니다. 다그치지 않고 가르치시는 하나님의 음성에서 풍성한 사랑이 느껴집니다. 또 하나님께서는 내가 도달해 있기를 바라는 곳을 보여 주십니다. 자격 없는 사람에게 거는 하나님의 기대가 끝이 없으십니다.

"그가 나를 데리고 성전 문에 이르시니 성전의 앞면이 동쪽을 향하였는데 그 문지방 밑에서 물이 나와 동쪽으로 흐르다가 성전 오른쪽 제단 남쪽으로 흘러내리더라. 내가 돌아가니 강 좌우편에 나무가 심히 많더라. 그가 네게 이르시되 이 물이 동쪽으로 향하여 흘러 아라바로 내려가서 바다에 이르니 이 흘러내리는 물로 그 바다의 물이 되살아나리라. 이 강물이 이르는 곳마다 번성하는 모든 생물이 살고 또 고기가 심히 많으리니 이 물이 흘러 들어가므로 바닷물이 되살아나겠고 이 강이 이르는 각처에 모든 것이 살 것이라."(겔 47:1, 7~9)

하나님의 사랑을 피해 달아날 재간이 없습니다. 그의 나를 향한 사랑은 우주 높은 곳의 우주보다 넓은데 그는 이 우주를 창조하신 분이십니다. 그 높으신 분이 우주의 먼지 속 작은 점보다 더 작은 나를 인자로 가르치시다니요. 하나님은 그의 형상을 따라 나를 지으셨다는 말씀을 들려주시며 나를 찾아오십니다. 그러고는 하나님의 끝없는 풍성하심을 선물로 주십니다. 이런 하나님이 내가 하나님의 임재 가운데 늘 잠겨 있기를 원하십니다. 하나님은 나를 위해 한순간도 쉬지 않고 일하시기에 나 역시 한순간도 하나님의 임재에서 멀어질 수가 없음을 고백합니다.

> "나는 시온의 의가 빛같이, 예루살렘의 구원이 횃불같이 나타나도록 시온을 위하여 잠잠하지 아니하며 예루살렘을 위하여 쉬지 아니할 것인즉"(사 62:1)

◎ 직면의 용기

오늘날 신앙의 위기는 하나님에 대해 이야기하는 사람들이 많다는 데 있습니다. 신앙서적이 홍수처럼 쏟아지는 이 시대에 사람들은 책을 읽으면서 마치 자신이 하나님의 임재를 경험하고, 순종의 삶을 사는 것 같은 착각에 빠져듭니다. 사람들이 하나님에 대해 '이야기'하는 시간은 길어진 대신 정작 자신이 하나님의 임재를 '경험'하는 경우는 드뭅니다. 하나님에 대해 이야기하는 것은 그 사람의 인생을 바꿀 수 없습니다. 비록 침묵 가운데 있을지라도 하나님의 임재를 경험하고 하나님을 소유하는 사람만이 변화되어 능력 있는 그리스도인의 삶을 살아갈 수 있습니다. 성경은 하나님의 이름으로 많은 사역을 했음에도 불구하고 하나님의 임재를 경험하지 못한 사람들을 향해 강한 경고의 목소리를 냅니다.

"그날에 많은 사람이 나더러 이르되 주여 주여 우리가 주의 이름으로 선지자 노릇하며 주의 이름으로 귀신을 쫓아내며 주의 이름으로 많은 권능을 행하지 아니하였나이까 하리니 그때에 내가 그들에게 밝히 말하되 내가 너희를 도무지 알지 못하니 불법을 행하는 자들아 내게서 떠나가라 하리라."(마 7:22~23)

주님은 주의 이름으로 귀신을 쫓아낼 만큼 사역에 열심을 보인 사람들에게 말하기를 도무지 그들을 만난 적이 없다고 하십니다. 이런 사람들을 '불법'을 행하는 자들이라고 책망하시면서 떠나가라고 하십니다. 문제는 무엇입니까. 여기서 불법이란 하나님의 임재 없이 행하는 모든 것입니다. 우리의 이 땅에서의 삶이 끝나고 주님 앞에 섰을 때 주님이 우리를 도무지 알지 못한다고 한다면 얼마나 억울하고 원통하겠습니까. 사역과 공로가 대단하다는 이유로 하나님이 우리를 기억하실 거라고 생각한다면 큰 오해입니다. 하나님은 우리에게 임재하신 그 시간을 통해 우리를 기억하실 것입니다.

한번은 교회에서 소그룹성경공부가 종강하는 날이었습니다. 8주간의 성경공부를 끝내면서 한 자매가 했던 말이 아직도 기억에 생생합니다.

"저는 오랜 시간 신앙생활을 했습니다. 사회생활도 열심히 했습니다. 가족을 위해서도 행복한 시간을 보냈고, 누군가를 돕기도 했습니다. 그런데 어느 날 깊은 묵상 가운데 나는 마치 나의 최후의 날인 듯한 시간 속으로 들어갔습니다. 그때 나는 내 인생을 돌아보면서 가장 감동적이고 행복했던 시간들을 떠올렸는데 그건 다름 아닌 하나님의 임재 가운데 있던 시간들이었습니다."

이 자매의 고백처럼 우리의 인생이 아무리 화려한 것으로 가득차 있더라도 하나님의 임재의 시간만이 참된 인생의 의미를 가져다 줄 것입니다. 주의 이름으로 선을 행하고, 주의 이름으로 선교 전선에 뛰어든다 하더라도 하나님과의 진정한 만남이 없다면 무슨 유익이 있겠습니까.

그렇다면 사람들이 하나님의 임재를 직면하지 못하는 이유는 뭘까요. 하나님을 직면함보다 하나님에 대해 이야기하는 것이 더 쉽기 때문입니다. 하나님에 대해 이야기하다 보면 마치 내가 하나님의 뜻을 다 알고 있고, 하나님의 인정을 받고 있고, 어둡고 수치스러운 부분들이 감춰진 듯한 착각에 빠져듭니다. 하지만 하나님에 대해 이야기하는 것만으로는 부족합니다. 그건 여행지를 몸으로 체험하지 않고 집 안에 앉아 인터넷 공간만을 떠돌아다니는 것과 별반 차이가 없습니다. 임재에 있어서는 차라리 하나님에 대한 이야기를 멈추는 편이 더 낫습니다. 하나님 앞에서는 척하는 위선보다 모름을 인정하는 침묵이 낫기 때문입니다.

오늘날 사람들은 경쟁하듯 사역에 빠져듭니다. 그 사역 끝에서 지쳐 버리고 하나님을 잃어버리는 사람들이 늘어나고 있습니다. 신앙서적에 중독된 사람들도 어렵지 않게 볼 수 있습니다. 나 역시 한때 신앙서적에 빠져 있던 적이 있습니다. 가리지 않고 닥치는 대로 읽었습니다. 하루라도 신앙서적을 읽지 않은 날이면 마음이 갑갑해지면서 심장박동수가 높아지기도 했습니다. 다독의 열정은 하나님을 더욱 알기 원함이었고, 실제로 독서는 하나님에 대한 지적 폭을 넓혀 준 건 사실입니다. 하지만 경험되지 않은 지식이나 앎에 이르지 못하는 지식은 아름다운 열매를 맺지 못하게 됩니다. 하나님의 임재가 없는 신앙은 위험천만하기까지 합니다. 눈을 가리고 불구덩이로 걸어 들어가는 것과 같습니다. 영혼의 결함이 하나님의 임재를 통해 드러나지 못하고 지속적으로 은폐되고 가려집니다. 이윽고 곪게 되고 아주 냄새나는 지경에 이르게 됩니다.

사람들은 자신의 삶이 비극으로 치달을지라도 하나님의 임재와 직면하기를 꺼려합니다. 그들에게 하나님과 마주한다는 것은 참을 수 없는 고통을 유발하기 때문입니다. 그들의 시퍼런 자아가 껍질을 깨고 비상하려는 영혼의 발목을 무거운 족쇄로 채웁니다. 길거리에 누워 있는 돌덩이를 치울 때 그 아래 살고 있는 벌레들이 황급히 도망가는 것을 본 일이 있습니까. 그들에게 하나님과 마주한다는 것은 이처럼 어둠 속에 살고 있던 벌레가 빛을 만나는 것과 같습니다. 빛을 보는 순간 그들의 눈은 멀어 버리고, 심장은 터지고, 인생의 모든 보호벽들이 무너지는 것 같은 느낌을 받습니다.

하지만 어느 누구도 하나님과 직면하지 않고서는 멸망으로 치닫는 자신의 삶을 돌이킬 길을 발견할 수 없습니다. 돈과 명예, 학벌과 유산, 배우자, 친구, 스승, 부모 그 어떤 것이든 붙잡아 보십시오. 이런 것들은 굳게 붙잡을수록 우리의 삶을 더 빠른 가속도로 멸망의 구덩이 속에 밀어 넣습니다.

삶에 하나님의 임재 외에는 어떠한 것도 해답이 될 수 없음과 어둠을 헤매다 나온 자에게 하나님의 임재가 초반에는 고통을 동반할 수 있다는 사실을 진실로 받아들여야 합니다. 하지만 실상 그 고통은 실제 위력을 소유하고 있다기보다 속임수에 불과하다고 말하는 것이 맞습니다. 사단은 당신에게 무엇이 가장 필요한지를 그 누구보다 잘 알고 있습니다. 사단은 갖은 수단을 총동원해 우리로 하나님의 임재를 경험하지 못하도록 방해할 것입니다.

직면의 두려움과 그 해결책에 관한 예화 하나를 소개하고 싶습니다.

낙망과 우울의 분위기가 감도는 한 마을이 있었습니다. 그 마을에는 예로부터 무슨 이유에서인지 산에 절대 올라가선 안 된다는 금기가 있었습니다. 마을에 뒤숭숭한 일이 일어나기라도 하면 누군가가 산에 올라가 무서운 존재를 노엽게 했기 때문이라고 마을 사람들은 생각했습니다. 그 막연한 금기는 마을 사람들을 두려움으로 내몰고 공포심을 강화시켰습니다. 그러던 어느 날 이러한 상황에 의문을 품은 한 사람이 용기를 내어 산에 올라갔습니다. 산속을 얼마나 헤맸을까.

한참 만에 그 사람은 산꼭대기에 올랐습니다. 그곳에는 작은 바위 하나가 있었는데 그 바위 위에 아주 작은 어떤 존재가 웅크리고 앉아 있었습니다. 그 사람이 그 존재에게 다가가 물었습니다. "너는 누구냐?" 그러자 세상에서 가장 미약하고 보잘것없는 대답이 돌아왔습니다.

"저는 두려움이에요."

두려움에 관한 이 이야기는 한 마을에 국한된 이야기가 아닙니다. 바로 우리 자신들의 내면을 들여다보게 하는 거울입니다. 사단은 이 이야기처럼 하나님의 임재 가운데 서 있기를 원하는 우리네 영혼 속에 두려움이라는 독약을 주사합니다. 사랑의 하나님, 곧 우리를 두 팔 벌려 애타게 찾으시는 하나님을 두려움을 주는 하나님으로 오독해 버립니다. 이것이 바로 사단의 가장 흔하고 핵심 되는 전략입니다. '속임수'라는 무기입니다. C.S. 루이스는 『스크루테

이프의 편지』 서문에서 "이 편지들을 읽는 여러분은 악마가 거짓말쟁이라는 점을 기억할 필요가 있습니다. 스크루테이프가 하는 말 중에는 심지어 그 자신의 관점에서 볼 때조차 사실로 받아들여서는 안 될 것들이 많습니다."라면서 사단의 가장 유구한 전략 '속임수'를 공개하고 있습니다.

사단은 십자가로 인해 그 머리가 짓밟히며 패배했습니다. 사단의 권세는 땅에 떨어졌고, 그 위용은 종이호랑이처럼 맥없이 추락했습니다. 십자가의 보혈로 무장 해제된 사단이 어두운 지옥에서 총회를 열면서 인간 정복 목표에 따라 세운 최고 전략이 바로 속임수입니다. 힘으로는 어찌할 도리가 없기에 사단은 인간을 속이기로 만장일치를 본 것입니다. 사단은 그 오랜 역사 속에서 이 속임수를 통해 하나님과 인간 사이를 갈라놓고 마치 사단이 아직도 권세를 가진 실체인 양 인간들을 유혹하고 있습니다.

사단이 최초의 인간인 아담과 하와를 공략한 무기도 '속임수'였습니다. 밀턴의 『실낙원』에는 사단이 속임수를 공격무기로 채택하는 모습과 최초의 조상 아담과 하와가 속임수에 힘없이 무너지는 모습을 잘 표현하고 있습니다. 아담은 자기도 열매를 베어 먹은 뒤 하와를 비난하면서 이렇게 사단의 정체를 밝힙니다.

> "오, 이브, 그대는 사악한 시각과 거짓 혀에 귀를 기울였으니 그 혀는 누군가에게서 배워 사람의 목소리를 위장했을 것이오. 그것은 진실로 우리를 타락시키고 거짓으로 향상시켰소. 우리의 눈은 열렸고 우리는 선악을 알게 되었지만 선은 사라지고 악만 남았소."

사단은 지금도 우는 사자와 같이 날카로운 아귀를 벌려 속임수를 날름거리며 성도들을 타락시키는 최전선에서 활동하고 있습니다. 사단이 속임수로 인간을 몰고 가는 첫 궁지가 어딘지 아십니까. 바로 하나님과 단절된 상태입니다. 하나님의 임재로부터 멀어진 관계입니다. 왜냐하면 인간은 하나님의 임재 안에 있을 때 비로소 영생을 누릴 수 있기 때문입니다. 하나님과의 단절은 직면의 두려움보다 훨씬 강도 높은 두려움의 먹구름을 몰고 옵니다. 밀턴의 『실낙원』에는 아담이 사단의 속임수에 넘어간 뒤 하나님의 임재로부터 멀어지는 장면이 아담의 입을 통해 나옵니다.

"이제부터 하나님이나 천사를 어찌 볼 수 있으리오. 전에는 기쁨과 황홀함으로 그리도 자주 보았는데, 이제 그 천상의 존재들이 이 지상을 참을 수 없이 밝은 불꽃으로 비추리니. 오, 어두운 숲 속의 빈터, 별빛도 햇빛도 뚫고 들어오지 못하는 깊은 숲 속에서 홀로 야만인처럼 살고 싶구나. 소나무여, 삼나무여, 무수한 가지로 나를 숨겨다오. 다시는 그들을 볼 수 없게."

죄에 빠진 인간은 하나님의 임재를 두려워하게 되었습니다. 이것이 죄의 속성입니다. 이러한 사단의 공격에 맞서 인간은 이제 무엇을 해야 합니까. 사단의 속임수에 맞서 인간이 해야 할 일은 담대히 하나님의 임재 앞으로 나아가는 것입니다. 사단이 우리를 치욕과 죄책감의 사슬로 얽어매어 자신의 종으로 삼으려 할 때마다 우리는 머리를 들이미는 거짓 음성과 거짓 감정들을 '거짓'이라고 선포하고 하나님의 임재 가운데로 다시 나오기를 힘써야 합니다. 그때마다 하나님이 아닌 다른 것으로 우리의 오물과 수치를 가리려고 해서는 안 됩니다. 오직 하나님의 임재만이 하나님의 사랑으로 우리를 회복시킬 수 있음을 반드시 기억해야 합니다. 하나님께서는 자신의 아들을 죽기까지 내어 주신 그 사랑으로 하나님 앞에 나아오는 우리에게 은혜 베풀기를 원하고 계십니다.

이처럼 하나님과 직면하는 것은 하나님의 임재로 들어가기 위해 피할 수 없고, 또 피해서도 안 되는 유일한 길임을 명심해야 합니다. 폴 투르니에는 『죄책감과 은혜』에서 인간이 하나님과 직면하면서 하나님께 나아가는 길에 대해 명쾌한 설명을 내놓고 있습니다. 투르니에는 인간은 하나님의 임재 앞에서 먼저 참된 자신을 보게 된다고 말하고 있습니다.

> "이러한 직면을 통해 당신은 참된 자신을 보게 된다. 하나님은 당신의 거울이 될 것이다. 하나님을 만나는 순간 당신은 생각하지도 못한 당신의 어지러운 모습들과 대면하게 되면서 큰 충격에 휩싸이게 될 것이다. 절망하게 될 것이다. 어쩌면 반항하게 될지도 모르겠다. 하지만 하나님은 그러한 자를 넉넉히 받아 주시면서 하나님의 영으로 인도하신다."

우리는 하나님과 직면함으로 인해 베일을 벗고 수면 위로 떠오르게 될 충격적인 모습에 절망하거나 반항하게 될지도 모릅니다. 하지만 그러한 자를 넉넉하게 받아 주시는 하나님을 믿고 계속해서 하나님의 임재 가운데로 인도함을 받는 것이 중요합니다.

> "믿음이 없이는 하나님을 기쁘시게 하지 못하나니 하나님께 나아가는 자는 반드시 그가 계신 것과 또한 그가 자기를 찾는 자들에게 상주시는 이심을 믿어야 할지니라."(히 11:6)

하나님을 찾는 자들에게 베풀어지는 가장 위대한 상은 하나님을 찾음입니다. 하나님의 임재 가운데로 깊이 들어감입니다. 고통스럽

고 힘들더라도 하나님과의 직면을 멈출 수 없습니다. 트루니에는
『죄책감과 은혜』에서 하나님과의 직면의 중요성을 다음과 같은 말
로 다시 강조하고 있습니다.

> "치욕과 죄책감으로 점철된 고통스러운 길과 그로 인해 발생하
> 는 하나님에 대한 반역과 괴로움은 결국 고귀한 은혜의 길로 통
> 한다. 하나님은 문제에 빠져 허우적거리기보다는 도전과 반역까지
> 나아갈지라도 그 문제에 직면하는 사람을 사랑하신다."

야곱이 그랬습니다. 야곱은 다음 날 그의 형 에서를 만나려고
기다리는 동안 마치 실제와 같은 악몽을 꾸고 진짜 싸움을 벌입니
다. 야곱은 막대한 양의 가축 떼를 연달아 형에게 보냈음에도 불
구하고 두려움으로 가득 찬 밤을 보내고 있었습니다. 당시 야곱에
게 닥친 문제는 하나님과의 직면 없이는 근본적인 해결이 불가능
한 상황이었습니다. 그때 하나님께서 야곱에게 찾아오십니다. 그리
고 야곱과 씨름합니다. 복을 달라고 떼쓰는 야곱은 이 순간 하나
님과 직면하는 경험을 하게 됩니다. 야곱은 이윽고 부르짖습니다.

> "내가 하나님과 대면하여 보았으나 내 생명이 보전되었다."

야곱은 하나님과의 대면을 거쳐 새로운 인간이 되었습니다. 하
나님은 그에게 이스라엘이라는 새로운 이름까지 주십니다. 하나님
과의 대면은 야곱에게 그 어떤 선물로도 얻을 수 없는 참된 평안
으로 이끌었고, 야곱은 그 평안의 물결을 순적히 타고 에서를 만
납니다. 야곱이 하나님께 달라고 부르짖은 복이 바로 이것입니다.

"에서가 달려와서 그를 맞이하여 안고 목을 어긋맞추어 그와 입 맞추고 서로 우니라."(창 33:4)

예수님은 근본 하나님의 본체시나 인간으로 계실 때 하나님의 임재 가운데 머물기를 얼마나 갈망했습니까. 예수님은 항상 기도하러 한적한 곳으로 가셨습니다(눅 5:16). 중요한 결정을 앞두고 밤이 새도록 기도에 힘쓰셨습니다(눅 6:12). 다볼산에서 기도하실 때는 용모가 변화되고 그 옷이 희어져 광채가 났고, 이때 하나님은 예수님을 향해 "이는 나의 아들 곧 택함을 받은 자"라고 친히 임재하셨습니다. 또 잡히시기 전날 예수님이 하신 일은 무엇입니까. 제자들과 함께 잡으러 오는 군사들에 맞설 전략과 전술을 의논하지 않았습니다. 예수님은 가장 무시무시한 일을 눈앞에 두고 하나님 앞에 나아가기를 힘썼습니다. 하나님의 친히 나타나심 외에는 예수님의 마음을 평안으로 이끌 것이 이 세상에 아무것도 없음을 예수님은 친히 보여 주셨습니다. 예수님이 하나님의 임재 가운데 있을 때 제자들은 무엇을 하고 있었습니까. 슬픔으로 인하여 자고 있었습니다. 자고 있는 제자들을 보시고 예수님이 하신 말씀은 또 무엇입니까. 깨어 기도하라는 것이었습니다. 이 말은 곧 하나님의 임재를 사모하라는 단호한 명령인 것입니다.

예수님조차도 가장 험악하고 무시무시한 일을 앞두고서뿐만 아니라 날마다 하나님의 임재 안에 머물기를 힘썼는데 하물며 우리들은 순간순간 하나님의 임재를 더욱 사모해야 할 것입니다.

4장 _ 자기포기

◎ 돌부리 제거

지금까지 우리는 하나님의 임재를 경험하기 위해 성령님의 도우심을 갈망함과 의식을 내면으로 향함에 대해 이야기했습니다. 하나님이 계신 내면으로 우리 의식의 방향을 돌리기 시작하는 그 순간부터 성령님은 우리가 하나님의 깊은 곳에서 그분을 만날 수 있도록 친히 일하기 시작하십니다. 이러한 성령님의 도우심은 하나님께서 우리를 향해 발휘하시는 엄청난 사랑의 흡인력 때문에 더욱 쉽고 신실한 방법으로 우리를 이끌어 가십니다.

하지만 참 안타까운 일이 이 지점에서 우리들 가운데 벌어지고 있다는 사실을 말하지 않을 수 없습니다. 마치 관성을 받은 기차가 철로에 있는 돌부리에 멈춰서거나 탈선해 버리는 것과 같은 안타까운 일이 우리가 하나님을 향해 가는 여정에서 일어나고 있습니다.

하나님을 향해 가는 여정에 놓여 있는 돌부리가 무엇입니까. 바로 자기포기가 없는 모습입니다. 자기포기는 하나님이 임재하시는 내적인 성전으로 들어가는 열쇠입니다. 이 열쇠를 갖지 못하면 우리는 결코 헤아릴 수 없는 하나님 임재의 깊은 단계로 들어갈 수 없습니다. 우리는 자기포기라는 열쇠로 하나님과 우리 사이를 막고 있는 육중한 철문을 열어야 합니다.

"볼지어다 내가 문밖에 서서 두드리노니 누구든지 내 음성을
듣고 문을 열면 내가 그에게로 들어가 그와 더불어 먹고 그는 나
와 더불어 먹으리라."(계 3:20)

하나님은 우리보다 더욱 적극적이고 강렬한 열망으로 우리를 임
재 가운데로 초청하고 계십니다. 우리는 왜 하나님의 임재가 없다
며 불평하고 있습니까. 하나님의 더딘 임재에 그만 지쳤습니까. 만
남을 약속한 하나님을 이제 불신의 눈빛으로 곁눈질하고 있습니까.
이럴 때 더욱 자신을 돌아보길 바랍니다. 우리의 자기포기 정도가
우리가 하나님의 임재를 경험하는 질과 깊이를 결정할 것이기 때
문입니다.

하나님께 나아가기를 원하는 그리스도인들은 모든 외적인 부분
뿐만 아니라 모든 내적인 부분들까지 자기포기가 이뤄져야 합니다.
우리 자신을 하나님의 처분에 완전히 맡겨 드려야 합니다. 성경이
자기 포기하라고 우리에게 일러 주는 권면에 귀를 기울여 봅시다.

"너희 하늘 아버지께서 이 모든 것이 너희에게 있어야 할 줄을
아시느니라. 그런즉 너희는 먼저 그의 나라와 그의 의를 구하라.
그리하면 이 모든 것을 너희에게 더하시리라. 그러므로 내일 일을
위하여 염려하지 말라."(마 6:32, 34)
"너희 행사를 여호와께 맡기라 그리하면 너의 경영하는 것이
이루리라."(잠 16:3)

성경은 우리들이 모든 필요를 하나님께 맡길 것을 권면하고 있
습니다. 누가복음에서는 하나님을 위하여 뭔가 영적인 일을 했다
는 생각까지도 버리라고 예수님이 말씀하십니다.

"이와 같이 너희도 명령받은 것을 다 행한 후에 이르기를 우리
는 무익한 종이라. 우리가 하여야 할 일을 한 것뿐이라 할지니
라."(눅 17:10)

토마스 아켐피스는 보석같이 귀한 자기포기의 지고지순한 정도
를 다음과 같이 표현했습니다.

"현세의 모든 것에서 완전히 벗어나 영적인 일에만 몰두하는
사람은 거의 없을 것이다. 진정으로 마음이 가난하고 모든 피조물
로부터 완전히 벗어난 사람을 과연 어디에서 찾을 것인가. 그런
사람은 머나먼 나라에서 가져온 보석의 가치보다 더욱 귀하다. 자
신이 가진 모든 것을 포기한다 할지라도 그것은 대단치 않으며,
고된 참회의 수행을 했다 하더라도 아직은 미흡하다. 모든 지식을
가졌다 해도 아직 목표까지는 까마득히 멀고, 아무리 뛰어난 덕을
소유하고 남다른 열의로 불타오른다 해도 여전히 부족하다. 그것
은 무엇일까. 그것은 바로 모든 것을 뒤로하고 자신에게서 완전히
벗어나 이기심을 갖지 않고, 자신이 해야 할 모든 일을 다 했을
때라도 아무것도 하지 않은 것처럼 생각하는 것이다."

◎ 완전한 자기 소멸

자기포기는 이처럼 우리 자신에 대해서 완전히 잊게 되는 상태
입니다. 계속해서 주님에 대한 생각으로 가득 차는 것입니다. 은사
나 어떠한 영적 필요조차도 하나님의 영광과 거룩함 앞에 아무런
가치를 잃고 사라지는 것입니다. 이렇게 함으로써 우리의 마음은

외적이고 내적인 어디에도 얽매이지 않는 완전한 자유와 평안의 상태로 들어가게 됩니다.

나는 하나님을 신실하게 믿는다고 공언하는 많은 사람들을 만나면서 한 가지 알게 된 것이 있습니다. 그들은 어느 특별한 순간 하나님의 임재에 대한 기쁨을 표현하고, 눈물을 쏟아 내고 재산을 팔아 가난한 자에게 나눠 주기까지 했지만, 시간이 지날수록 참된 영적 진보를 이루지 못한 채 제자리로 돌아가고 있는 모습에 혼란스러워했습니다. 이러한 모습을 지켜보는 것은 말할 수 없는 고통입니다. 하나님의 깊은 임재 가운데로 들어가기를 갈망하면서도 매번 실패하면서 제자리걸음을 하고 있는 성도들을 보는 것은 참으로 가슴 아픈 일입니다.

대부분의 크리스천들은 아직도 자신의 힘을 의지해 하나님 앞에 나아가려고 합니다. 많은 사람들이 이 사실을 부인하지만 실상 대부분의 크리스천들의 내면에는 영적 양다리가 걸쳐 있고, 은밀하고 가장 중요한 부분은 결코 하나님께 내어놓을 수 없다는 확고한 의지가 칼날처럼 번득이고 있습니다.

물에 빠진 사람을 건져 내기 위해서 우선 기절시킨다는 구조 원칙이 있습니다. 하나님의 임재를 갈망하는 우리 역시 물에 빠져 죽어 가는 존재들입니다. 하나님은 우리를 물에서 건져 내실 확실한 구원자이십니다. 그런데도 우리는 하나님을 신뢰하지 못하고 우리의 가녀린 팔다리로 허우적대고 있습니다. 하나님께 나아가는 자는 반드시 그가 계신 것과 그가 자신을 찾는 자들에게 구원의 상을 주실 것임을 담대히 믿고 나아가야 합니다. 하나님은 거룩함이 완전하신 분입니다. 흠이라곤 하나도 없는 분이십니다. 우리가 하나님 앞에 온전한 만남을 갖기 위해서는 우리의 모든 자기포기가 예수 그리스도 존전에서 이뤄져야 합니다. 하나님은 완전하신 예수 그리스도만을 받으십니다. 우리는 온전한 예수 그리스도께 우리의 모든 자아를 포기하여 내어드리기만 하면 하나님이 기뻐하는 제사를 드릴 수 있는 특권을 소유하고 있습니다. 그런데도 사람들은 자기포기의 수준을 50% 혹은 70%로 낮춰 잡으면서 육신의 정욕과 안목의 정욕과 이생의 자랑을 슬그머니 꼬불쳐 놓는 과오를 범합니다.

아브라함은 부르심을 받았을 때에 갈 바를 알지 못하고 나아갔습니다. 아브라함은 또 시험을 받을 때에 그 외아들 이삭을 군말 없이 드렸습니다. 사라는 나이가 많아 단산하였으나 상식을 포기하고 잉태할 수 있는 소망을 취했습니다. 모세는 바로의 공주의 아들이라 칭함을 받기를 거절하고 화려한 애굽을 떠났습니다. 히브리서 저자는 '내가 무슨 말을 더 하리요. 기드온, 바락, 삼손, 입다, 다윗 및 사무엘과 선지자들의 일을 말하려면 내게 시간이 부족하리로다.' 하면서 기쁨으로 자기포기를 하고 하나님의 음성을 좇은 선진들이 수도 없이 많음을 강조하고 있습니다. 이 사람들은 조롱과 채찍질과 결박과 옥에 갇히는 것과 돌로 치는 것과 톱으로 켜는 것과 시험과 칼로 죽임을 당하는 등 세상이 감당하지 못할 사람들이었습니다. 이들은 이 세상을 살면서 증거는 받았으나 하나님의 약속을 다 받지는 못했습니다. 하지만 이들은 하나님이 어떠한 분이심을 알았기에 이생에서 자기의 모든 의를 포기하고 하나님께만 자신을 드렸습니다.

사람들은 흔히 하나님께 무엇을 요구하려고 나아갑니다. 우리는 어떤 모습으로 하나님께 나아갑니까. 자녀의 문제, 진로의 문제, 나라의 문제, 건강의 문제 등 인생을 살아가면서 맞닥뜨리는 수많은 문제를 해결하고 싶어서 하나님을 '해결사' 쯤으로 여기고 그의 앞으로 나아가려 하지는 않는지. 하나님은 우리의 솔직한 모습 그대로를 원하십니다. 하나님은 이러한 문제들을 등에 메고 그분 앞으로 나오는 우리들을 물리치지 않으십니다. 보듬어 주십니다. 하지만 기억해야 할 중요한 것은 우리들이 주님 앞에서 부르짖는 기도들이 대부분 하나님의 뜻에 맞지 않는 경우가 많다는 것입니다. 어떤 경우에는 우리가 부르짖는 '모든 기도'가 하나님의 뜻에 맞지 않는다 해도 과언은 아닐 것입니다. 성경은 우리들의 생각이 하나님의 생각과 얼마나 차이가 있는지를 분명히 말씀하고 있습니다.

> "이는 내 생각이 너희의 생각과 다르며 내 길은 너희의 길과 다름이니라. 여호와의 말씀이니라. 이는 하늘이 땅보다 높음같이 내 길은 너희의 길보다 높으며 내 생각은 너희의 생각보다 높으니라."(사 55:8~9)

이사야 55장 8~9절의 말씀처럼 우리의 생각과 하나님의 뜻은 하늘과 땅의 차이보다 더 큰 차이가 있다는 것을 인정하고 나아감이 지혜롭습니다. 이 사실을 인정하는 것은 하나님 앞에 나아갈 때 참으로 중요한 의미를 지닙니다. 우리는 수많은 기도제목을 가지고 하나님의 임재 앞으로 나아갈 수 있습니다. 하지만 하나님의 뜻에 들어가지 못한 우리라면 그 모든 기도제목이 하나님의 뜻과 다를 것입니다. 우리는 스스로의 힘만으로는 하나님의 뜻을 절대로 알 수 없습니다.

> "하나님의 일도 하나님의 영 외에는 아무도 알지 못하느니라."
> (고전 2:11)

"영적인 일은 영적인 것으로 분별하느니라."(고전 2:13)

하나님의 뜻은 오직 하나님의 영, 곧 성령님만이 알 수 있습니다. 하나님의 뜻, 곧 영적인 세계의 신비는 영적인 성령의 도움을 받아서만이 알 수 있습니다. 이처럼 우리는 우리의 힘으로 하나님의 임재 가운데 나아가 하나님의 뜻을 온전히 받을 수 없습니다. 하지만 감사하게도 성령님께서 우리를 위해 대신 하나님께 간구하고 그의 뜻을 받습니다.

"이와 같이 성령도 우리의 연약함을 도우시나니 우리는 마땅히 기도할 바를 알지 못하나 오직 성령이 말할 수 없는 탄식으로 우리를 위하여 친히 간구하시느니라."(롬 8:26)

사정이 이러하기에 감히 말할 수 있습니다. 천 가지 혹은 만 가지 기도로 하나님께 나아가는 것만이 능사가 아니라 하나님의 깊은 임재 가운데 '오, 나의 하나님~'이라는 한 번의 깊은 탄식으로 하나님의 임재를 갈망하는 것이 더욱 깊이 하나님의 마음을 움직일 수 있습니다. 왜냐하면 성령님이 우리를 위해 탄식하며 간구하고 있으며, 하나님께서는 우리의 중심을 보시기 때문입니다(삼상 16:7).

우리는 더욱 성숙한 그리스도인으로 변모해 갈수록 우리의 의지가 하나님 뜻 속에서 완전히 녹아져 없어지는 것을 발견하게 될 것입니다. 의지는 모든 것을 삼키는 용광로 같은 하나님의 뜻 안에서 사라지게 될 것입니다.

큰 자동차 회사에 10년 넘게 몸담고 있는 한 형제가 있었습니다. 이 형제는 영적인 문제로 나와 여러 번 이야기를 나눈 적이 있습니다. 그런데 이 형제는 40세가 넘은 나이에 진로 문제로 깊은 고민에 빠져 있었습니다. 3년간 이어진 그의 고민은 진로의 문제 자체에 맴돌고 있었습니다. 나는 그에게 하나님의 임재를 경험하는 다섯 가지 원리에 대해 나눈 뒤 진정 하나님이 형제에게 원하고 계신 모습이 무엇인지를 함께 나누어 보자고 했습니다.

나는 하나님이 형제에게 근본적으로 바라는 것은 진로의 문제 자체보다 오직 하나님의 사랑만을 갈망하는 것이라고 말했습니다. 하나님은 형제의 모든 관심이 영광스럽고 거룩하신 하나님의 품 안으로 모아지기를 바란다고 했습니다. 그 형제는 진로 문제를 가지고 하나님 앞으로 나아갔지만 완전한 자기포기가 되지 않음으로써 하나님의 임재 가운데 온전히 들어가지 못하고 번민했던 것입니다.

"형제님, 형제님은 이제 하나님을 사랑하는 마음 말고는 어떤 것을 가지고서도 하나님께 나아가지 말기를 바랍니다. 오직 하나님을 사랑하는 그 마음 하나만을 가지고 나아가세요. 하나님의 높고 위대하심을 참으로 경험하시길 바랍니다. 만일 단 한 번이라도 하나님의 참된 거룩하심을 맛보게 된다면 형제님은 자신이 그동안 고민해 왔던 진로 문제가 하나님 앞에 아무것도 아닌 것임을 깨닫게 될 것입니다."

그렇습니다. 하나님의 임재를 갈망하며 나아가는 우리들 대부분의 모습이 이렇지 않을까요. 하나님이 주시는 은사와 축복보다 하나님 자신을 갈망해야 합니다. 모든 아름다운 것들이 하나님에게서 나오는데도 우리는 그 복을 주시는 주인공인 하나님보다 그 열매에 더 큰 관심을 기울이고 있지는 않는지.

우리의 자기포기는 심지어 우리가 우리 자신에 대해서 완전히 무관심해지는 수준에까지 이르게 됩니다. 이렇게 저런 주변 일들에 대한 우리의 관심이 하나님을 만나고 하나님을 먹는 것에 비하면 쓰레기에 지나지 않을 정도가 됩니다. 이러한 경이로운 지점에 이르게 되면 우리는 자신의 속박으로부터 완전히 자유를 누리게 될 것입니다.

> "여호와의 말씀이니라 이스라엘 족속아 이 토기장이가 하는 것 같이 내가 능히 너희에게 행하지 못하겠느냐 이스라엘 족속아 진흙이 토기장이의 손에 있음같이 너희가 내 손에 있느니라."(렘 18:6)

토기장이이신 하나님은 세상에서 가장 아름답고 독특한 모습으로 우리를 빚어내시길 원하십니다. 만일 진흙이 자신의 의지를 갖고 있다면 어떻게 되겠습니까. 토기장이는 자신의 의도대로 토기를 빚는 데 실패하고 말 것입니다. 토기는 어그러지고 흉하게 망쳐질 것입니다. 우리의 자기포기가 주님 안에서 완전해지고 우리의 모든 의지가 굴복돼 하나님께 드려진다면 하나님은 우리를 하나님이 의도한 본래적 형상으로 이끄실 것입니다. 잔느 귀용 여사는 이러한 측면에서 하나님 앞에 나아갈 때 취하게 되는 우리의 이기적인 생각에 강한 거부감을 나타냅니다.

> "그러면 당신은 어떻게 시작해야 하는가. 당신은 당신에게 개인적인 소원이 떠오를 때마다, 그러한 개인적인 소원이 얼마나 좋고, 또한 유익해 보이든지 간에, 그것을 거부하는 것으로부터 시작해야 한다."

우리의 마음속에 개인적인 소원이 떠오를 때마다 그것을 거부하는 것으로부터 시작해야 한다는 말이 너무 심하다고 생각하지는 않겠지요. 만물보다 거짓되고 심히 부패한 것이 사람의 마음입니다(렘 17:9). 우리의 부패한 모습으로는 하나님을 기쁘시게 하실 수 없습니다. 부패한 마음으로는 하나님과의 온전한 임재 가운데 들어갈 수 없습니다. 예수 그리스도께서 십자가에 죽기까지 자신의 의지를 하나님께 복종하고 맡긴 것처럼 우리도 자신의 힘과 지혜와 공로를 잊어버리고 오직 하나님을 사랑하고 갈망하는 마음만으로 그리스도를 통과해 하나님께 이르기를 간절히 바랍니다.

◎ 모든 일에 주님의 섭리 인정

하나님의 임재를 경험하기 위한 자기포기는 우리의 삶 속에서 일어나는 모든 정황들이 모두 하나님의 뜻과 허락하에 일어나는 것이란 사실을 절대적으로 믿는 것을 전제로 합니다. 잔느 귀용 여사는 하나님의 임재를 경험하기 위해 하나님 앞으로 나아갈 때 우리에게 일어나는 모든 일들이 하나님의 손에서 비롯된 것임을 기억하라고 권면합니다.

"당신의 모든 기도 시간이 주님과 함께 보내는 아주 영광스러운 시간이든지, 아니면 생각이 이리저리로 산만해지는 시간이든지, 그 시간이 모두 정확하게 주님께서 당신에게 주시기 원하는 것이라는 사실을 받아들임으로써 시작할 수 있다. 그다음에는 당신의 삶의 매순간으로 그러한 시각을 넓혀 가라."

하나님의 임재를 경험하는 삶은 어느 한 시점에서 고요히 하나님과 만나는 것만을 뜻하는 것이 아닙니다. 우리의 일상생활과 순간순간마다 하나님의 임재를 경험하는 삶이 되어야 하지 않겠습니까. 우리는 한 순간만이 아니라 삶의 모든 순간에 일어나는 일들이 하나님의 손끝에서, 하나님의 뜻 안에서 이루어지는 것임을 인정해야만 합니다.

일전에 어느 목사님이 교통 접촉사고의 가해자가 된 경우가 있었습니다. 그 목사님은 사고가 나자 처음에는 당황스러웠다고 합니다. 하지만 그는 비록 가해자임에도 그 사고가 하나님의 뜻 가운데서 일어난 것임을 인정하고 나아갔다고 합니다. 당당히 목회자임을 밝히고 모든 필요한 조치를 성심껏 해 주었습니다. 그러고 나서 몇 개월이 지난 후 놀라운 변화가 일어났습니다. 교통사고 당시 피해자였던 부부가 가해자인 목사님을 통해 새 신자 7주 과정을 마친 후 세례까지 받게 된 것입니다.

이처럼 우리들은 우리에게 일어나는 모든 일들이 하나님으로부터 비롯된 것임을 항상 인정하며 나아가야 할 것입니다. 우리는 삶의 모든 정황들이 결국 어떤 식으로 전개될지 다 알지 못합니다. 하지만 하나님은 악도 선으로 바꾸시는 분이시며 만물이 온통 하나님의 주권 아래서 펼쳐지고 있음을 믿는다면 비록 벌어지고 있는 일들이 자신의 성에 차지 않고, 분노를 일으키게 하고, 비합리적이며, 지나친 희생을 요구하는 것처럼 보일지라도 하나님께 감사함으로 나아갈 필요가 있습니다.

"너는 범사에 그를 인정하라 그리하면 네 길을 지도하시리라."
(잠 3:6)

범사에 하나님의 주권을 인정해야 합니다. 우리가 그 상황들을 하나님의 섭리 가운데 일어나는 것으로 인정하고 우리의 주도권과 의지를 포기해 드린다면 하나님은 놀라운 길로 자신의 뜻을 펼쳐 나가실 것입니다. 이런 영적 자세가 '내 주여 뜻대로'라는 찬송에 잘 고백되어 있습니다.

1704년 독일 전역이 30년 종교전쟁으로 폐허가 되었을 때 신도들의 가정을 찾아다니며 위로의 메시지를 전하던 한 목사님이 있었습니다. 설상가상으로 독일 전역에는 흑사병이 나돌아 1천만 명 이상이 목숨을 잃었습니다. 독일은 거대한 무덤과도 같았습니다. 벤자민 슈몰크 목사 부부는 어느 날 중병을 앓고 있는 한 신도의 가정을 심방하고 집으로 돌아왔습니다. 그때 목사님 부부는 교회와 집이 불 타 잿더미로 변해 있는 것을 보았습니다. 사랑하는 두 아들은 그 잿더미 안에서 서로 껴안은 채 죽어 있었습니다. 이들 부부가 아들의 시체를 부둥켜안고 드린 기도가 바로 찬송가 '내 주여 뜻대로'입니다.

> "내 주여 뜻대로 행하시옵소서. 온몸과 영혼을 다 주께 드리니.
> 이 세상 고락 간 주 인도 하시고 날 주관하셔서 뜻대로 하소서."

처참한 비극 속에서 슈몰크 목사가 화재 사건을 하나님에게서 비롯된 것으로 인정하지 않았다면 이 같은 위대한 기도는 고백되지 못했을 것입니다. 우리라면 이 상황에서 어떤 고백을 할 수 있을까요. 쉽지 않은 일입니다. 하지만 분명히 해 두고 싶습니다. 자녀들을 다 잃어버리는 참혹한 상황까지도 모두 하나님의 섭리 안에 있음을 인정해야 합니다. 만일 이런 상황 가운데서 우리가 하나님을 인정한다면 하나님은 악한 상황마저도 선으로 바꾸시어 우리를 하늘의 평안과 축복으로 이끄실 것입니다. 하지만 이런 상황에서 하나님을 인정하지 않는다면 우리의 영과 육은 이런 비극적 상황과 함께 침몰을 면치 못할 것입니다. 이것이 자기포기의 신비로운 결론입니다. 예수님께서는 "무엇이든지 너희가 땅에서 매면 하늘에서도 매일 것이요, 무엇이든지 땅에서 풀면 하늘에서도 풀리리라."는 말씀을 통해 자기포기의 신비로움을 밝히셨습니다. 우리에게 닥치는 모든 일들 가운데 우리의 의지와 해석을 하나님께 던져 버린다면 하나님께서는 이런 모든 일들이 하늘에서도 신비롭게 풀릴 것이라고 약속해 주셨습니다.

어느 날 집에 도둑이 들었습니다. 순 식구 중 한 가정을 심방하고 돌아오던 길이었는데 현관문을 열고 들어가니 집 안 모든 서랍들이 파헤쳐지고, 온통 아수라장이 되어 있었습니다. 나와 아내는 낯선 도둑이 안방까지 들어왔다는 사실에 두려움과 불쾌한 마음을 감출 수가 없었습니다. 더군다나 다른 일도 아니고 심방 다녀오는 길인데 왜 하나님은 우리에게 이런 불미스러운 일이 일어나게 하셨는지 원망의 마음이 들었습니다. 우리 부부는 이 사건을 해석하려고 했습니다. 앞으로 어떻게 보안을 유지하고, 다른 사람들에게는 어떻게 이 사건을 이야기해야 하는지도 생각해야만 했습니다. 이런 생각들이 전혀 쓸모없지만은 물론 아닐 것입니다. 하지만 잠잠히 하나님 앞에 나아가게 되었을 때 하나님은 이 사건의 해석 여부를 떠나서 이 사건 속에서도 변함없이 인정받기 원하시는 마음을 알게 되었습니다.

'도둑이 들었을 때 집에 없었기에 다치지 않아서 감사하다', '도둑이 들었을 때 컴퓨터와 카메라를 가져가지 않아서 감사하다', '도둑이 든 까닭으로 집 둘레에 방범용 펜스가 쳐진 것이 감사하다' 등 내가 판단할 수 있는 나름의 감사 제목들도 사실은 하나님 앞에서는 별 도움이 되지 않는다는 것을 발견하게 되었습니다. 나는 하나님이 내게 감사할 제목이 없을지라도 감사를 드리며, 나의 모든 의지와 마음과 감정까지도 하나님께 의뢰할 것을 원하신다는 사실을 깨닫게 되었습니다. 하박국 선지자의 고백 역시 범사에 그를 인정하지 않고서는 나올 수 없는 고백입니다.

> "내 창자가 흔들렸고 그 목소리로 말미암아 내 입술이 떨렸도다 무리가 우리를 치러 올라오는 환난 날을 내가 기다리므로 썩이는 것이 내 뼈에 들어왔으며 내 몸은 내 처소에서 떨리는도다. 비록 무화과나무가 무성하지 못하며 포도나무에 열매가 없으며 감람나무에 소출이 없으며 밭에 먹을 것이 없으며 우리에 양이 없으며 외양간에 소가 없을지라도 나는 여호와로 말미암아 즐거워하며 나의 구원의 하나님으로 말미암아 기뻐하리로다."(합 3:16~18)

하박국 선지자가 보여 준 자기포기의 경지가 바로 우리가 도달해야 할 곳입니다. 극심한 공포가 우리를 휩쓸고, 미래에 대한 암담한 전망이 엄습해 올 때에도 우리는 그 상황을 하나님께 올려드릴 수 있습니까. 오직 하나님만으로 기뻐할 수 있습니까. 하나님이 우리에게 원하시는 것은 '하나님만으로 기뻐하는 모습'입니다. 우리는 가족과 진로와 관계의 문제 등으로 고민하지만 하나님의 우리를 향한 유일한 관심은 '하나님만으로 기뻐하는 모습'입니다.

극심한 상황과 환경 가운데서도 자신의 의지와 이성과 감정을 의지하지 않고 모든 상황을 하나님 중심으로 의탁해 나간 사람들의 정점에 요셉이 있습니다. 그는 시기심 많은 형들 때문에 노예로 팔려 가서, 부정한 주인 여자의 거짓 고발로 옥에 갇히고, 또

옥에서도 도움을 베풀어 주었던 사람에게 잊히게 되었지만 그에게 일어났던 모든 일들을 주관하시는 분은 하나님이시라는 사실을 결코 잊지 않았습니다. 나중에 그는 형들에게 말합니다.

> "당신들은 나를 해하려 하였으나 하나님은 그것을 선으로 바꾸사 오늘과 같이 만인의 생명을 구원하게 하시려 하셨나니"(창 50:20)

예수님도 믿었던 제자에게 팔리고, 배신당하고, 자신을 칭송하던 유대인들에 의해 십자가에 못 박혀 돌아가시는 등 무시무시한 사건들을 당하셨지만 단 한 번도 이 모든 일들이 하나님 뜻 가운데서 일어나야 할 일임을 고백하지 않으신 적이 없습니다.

이처럼 지금 이 순간이 우리를 향한 하나님의 절대적이고 선하신 섭리라는 고백이 있게 되면 아무것에 대해서도 누군가를 비난할 수 없게 됩니다. 무슨 일이 생긴다고 하여도 그 일을 야기한 것은 사람이나 주위 환경이 아니기 때문입니다. 주님께서 우리에게 행하시는 일에 대해서뿐만 아니라 주님께서 하시는 일에 대한 우리의 반응까지도 주님께 맡겨 드려야 합니다.

하나님이 우리를 원하시는 대로 사용할 수 있도록 지금 즉시 우리 자신을 포기하고 하나님께 맡겨 드려야 합니다.

◎ 십자가 따르기

자기부인에 관한 이런 표현이 있습니다.

"하나님께서는 우리에게 십자가를 주시고, 십자가는 우리에게
하나님을 준다."

십자가는 크리스천의 시작이요 끝일 정도로 신앙의 핵심을 이루고 있지만 특히 자기포기와 관련해 물러설 수 없는 결단을 촉구하고 있습니다. 하나님의 임재를 갈망하는 우리는 내면에 계신 하나님을 향하여 모든 의식이 집중해 갈수록 하나님께 가까이 다가서는 것이 분명합니다. 하지만 하나님은 십자가라는 다리를 건너지 않고서는 우리가 결코 하나님과 온전한 사귐에 이를 수 없도록 하셨습니다. 우리가 하나님께 가까이 가면 갈수록 선명하게 마주하게 되는 것은 다름 아닌 십자가입니다. 하나님이 우리에게 십자가를 주신 것은 십자가를 통과해서만 우리가 하나님을 만날 수 있기 때문입니다.

우리는 하나님만을 사랑하는 마음으로 하나님 앞으로 나아가니까. 그렇다면 먼저 십자가를 사랑해야 합니다. 십자가를 사랑하지 않는 사람은 결국 하나님을 사랑하지 않는 사람이라는 것을 증명할 뿐입니다. 십자가를 사랑하지 않고 하나님을 만난다는 것은 불가능한 일임을 반드시 기억해야 합니다. 하나님을 향해 가는 길목에서 십자가를 만날 때 이 말씀을 기억한다면 큰 힘이 됩니다.

"이에 예수께서 제자들에게 이르시되 누구든지 나를 따라오려거든 자기를 부인하고 자기 십자가를 지고 나를 따를 것이니라." (마 16:24)

이 말씀에는 우리가 따라야 할 두 가지 큰 의미가 담겨 있습니다. 첫째는 예수 그리스도를 통해서만 우리가 구원에 이를 수 있다는 것이며, 둘째는 구원받은 우리는 예수 그리스도를 따를 때만 하나님의 임재 가운데 살게 된다는 것입니다. 그렇다면 예수 그리스도를 따른다는 것은 무슨 뜻입니까. 예수님은 십자가에 달리심으로 우리들이 따라야 할 모본의 정점을 보여 주셨고, 우리는 예수님과 함께 우리 자신을 십자가에 못 박아야 한다는 것입니다.

"내가 그리스도와 함께 십자가에 못 박혔나니 그런즉 이제는 내가 사는 것이 아니요 오직 내 안에 그리스도께서 사시는 것이라. 이제 내가 육체 가운데 사는 것은 나를 사랑하사 나를 위하여 자기 자신을 버리신 하나님의 아들을 믿는 믿음 가운데 사는 것이라."(갈 2:20)

십자가에 못 박힌다는 것은 완전한 죽음을 의미합니다. 스스로는 움직일 수 없는 시체가 됨을 의미합니다. 육신의 정욕과 안목의 정욕과 이생의 자랑을 좇아 살려고 하는 것이 육을 가진 우리의 본성입니다. 이 본성이 마치 시체가 죽은 것처럼 하나님을 좇는 우리를 간섭하지 못하도록 한다는 것입니다. 우리의 의지를 십자가 앞으로 끌고 가 십자가에 복종시키는 것을 의미합니다. 토마스 아 켐피스는 십자가가 모든 것의 뿌리라고 강조합니다.

"모든 것이 십자가에 뿌리를 두고 있고, 모든 것이 우리가 십자가 위에서 죽는 데 달려 있다. 십자가의 신성한 길과 우리가 항상 자신을 부인하는 것 외에는 영원한 생명과 내적인 평화에 이르는 길은 없다. 어디를 걷든 무엇을 찾든 간에 십자가보다 높고, 십자가의 길보다 안전한 길은 찾지 못할 것이다."

그렇습니다. 십자가는 하나님의 임재를 경험하는 가장 안전하면서도 가장 확실한 길이며, 유일한 길입니다. 실상이 이런데도 왜 사람들은 십자가 지기를 싫어합니까. 사람들은 하나님의 임재를 갈망하면서도 오랜 세월 동안 허망하게 낭비의 삶을 사는 자신의 문제가 십자가를 기쁜 마음으로 지지 못하는 데 있음을 알지 못합니다. 왜 그럴까요. 십자가는 고통을 의미하기 때문입니다. 듣는 사람의 거부감을 고려해 표현하더라도 십자가를 진다는 것이 고통을 의미한다는 사실은 결코 피할 수 없는 진실입니다.

어느 날 아내는 아침 묵상을 마치고서 그의 어지러운 심정을 밝힌 적이 있습니다. 그날 생명의 삶 본문에 이어지는 예화에서 읽은 한 선교사의 이야기 때문이었습니다. 그 선교사는 오지에서 선교활동을 하다 휴가를 받아 미국에 잠시 귀국해 생활하고 있었는데, 어느 날 아들이 마을의 아이들이 가한 폭행으로 실명하는 사건이 일어났습니다. 아들의 눈을 잃게 된 그 선교사는 고통이 말로 다할 수 없었지만 가해 아이들을 결국 용서했다는 이야기였습니다. 이 이야기를 읽은 아내는 "왜, 하나님을 믿는 사람들은 이런 고통을 당해야만 해요? 우리 아이가 만일 이런 일을 당한다고 생각하면 그 고통은 참기 힘들 거예요"라고 말했습니다. 정말 그런 일이 내게 벌어진다면 나는 과연 그 아이들을 용서하고 고통을 하나님 앞으로 기쁘게 가져갈 수 있을까 생각에 빠졌습니다. 물론 힘들 것입니다. 욥처럼 반항하고 하나님께 저항할지도 모릅니다.

하지만 나는 확신을 가지고 말할 수 있습니다. 우리들이 이 세상에서 당하는 고통은 하나님의 선하신 뜻 가운데서 일어나는 것입니다. 이 세상에서의 고통은 앞으로 올 영광에 비하면 아무것도 아닙니다.

> "생각하건대 현재의 고난은 장차 우리에게 나타날 영광과 비교
> 할 수 없도다."(롬 8:18)

죽음 이후에 누리게 될 영광이 무슨 소용이냐고, 어차피 현재의 고난은 피할 수 없지 않느냐고 묻지 않기를 바랍니다. 우리는 죄 중에 태어나면서부터 얼마나 부패한 존재입니까. 이런 생각이 들 때마다 우리는 다시 하나님께 나아가기를 힘써야 합니다. 하나님의 완전한 거룩하심을 묵상해야 합니다. 하나님을 알고 하나님의 속성을 묵상하면 할수록 하나님의 우주보다 깊은 사랑이 우리의 모든 의문에 싸인 증서를 파괴시킬 것입니다. 하나님은 시퍼렇게 자아가 살아 있는 우리를 비춰 주는 거울이 되십니다. 하나님을 뚜렷이 알게 될수록 우리의 죄 된 모습이 더욱 극명하게 비춰질 것입니다. 그때마다 우리는 이사야 선지자가 고백한 것처럼 "화로다 나여, 망하게 되었도다. 나는 입술이 부정한 사람이요, 나는 입술이 부정한 백성 중에 거주하면서 만군의 여호와이신 왕을 뵈었음이로다."라고 고백하게 될 것입니다.

하나님께 나아가는 데 있어서 우리가 고통을 겪는 것보다 더 나은 길이 있다면 주님은 분명 우리에게 보여 주셨을 것입니다. 하지만 하나님의 얼굴을 보기 위해 예수님을 따랐던 사람들은 결국 다음과 같은 대답을 들어야 했습니다.

"우리가 하나님의 나라에 들어가려면 많은 환난을 겪어야 할 것이라."(행 14:22)

하나님의 임재로 나아갈 때 반드시 고난과 고통을 겪는다는 명제를 어떻게 생각합니까. 이 말씀에서 달아나기를 원한다면 얼른 그 시도를 포기하는 게 낫습니다. 왜냐하면 우리의 유일한 해답인 십자가의 가장 큰 속성 가운데 하나가 바로 고난이기 때문입니다. 십자가는 고난을 당하는 우리에게 참된 위로를 줍니다. 그렇다고 십자가의 무게가 우리에게서 사라지는 것은 아닙니다. 우리는 고난을 통과해야만 합니다. 인간의 본성은 어떻게든 십자가를 피해 달아나고 싶어 합니다. 영화를 보고, 드라마를 즐기고, TV에 빠지고, 일과가 끝나면 사람들과 약속 시간을 정하고, 주변 인맥들을 챙기고, 책을 손에서 놓지 않고, 미니홈피 관리에 몇 시간씩 들이는 등 하루 종일 온통 십자가를 피하는 일들로 가득 찹니다. 이런 일들의 유용성을 전혀 무시하려는 것은 아닙니다.

하지만 하나님의 영광을 맛보게 되면 이 모든 일들은 새로운 관점에서 해석되고, 이것들이 삶에서 얼마나 미미한 부분들인지 알고 까무러치게 될 것입니다. 이런 일들에 분주하면 한 시간도 고독 속에 잠겨 있기가 힘듭니다. 딴 게 아닌 고독 자체가 져야 할 십자가임을 알지 못합니다. 혼자 하릴없이 있을 때의 우리 모습이 자신에 대한 모든 것을 말해 줄 것입니다. 십자가의 고통은 누구로부터 학대나 폭행을 당하는 것 이상의 고통을 의미합니다. 하나님의 임재로 나아갈 때 우리가 져야 할 십자가의 고통은 영적 전쟁의 고통을 뜻합니다. 고독과 외로움, 성적 자극, 탐심, 미움, 질투, 욕심, 성급함, 분노, 잘 보이려는 것 등 모든 육적인 요소들을 십자가에 못 박는 것이 바로 우리들이 져야 할 십자가입니다.

하나님의 임재는 엄청난 자유를 가져다줍니다. 나는 길을 갈 때 누군가가 머리를 세게 치고 지나가는데도 즉시 하나님께 나아감으로써 아무 분노를 느끼지 않기도 했습니다. 진로의 문제가 염려로 엄습해 올 때도 나는 하나님의 영광 앞에 모든 것을 내려놓습니다. 앞으로 아무런 진로가 열리지 않더라도 하나님의 임재 가운데 거할 수만 있다면 그것만으로 만족하고 즐겁다고 고백합니다. 우면산의 짙은 녹음을 바라보거나 청아한 새소리가 한 줄기 들려올 때, 시원한 바람이 창문을 넘어 내 이마를 터치할 때 자연 속에 신실한 모습으로 살아 계시는 하나님의 사랑 때문에 한없이 울게 됩니다. 집으로 돌아가는 길. 그동안 아내와 아들에게 사랑을 베풀지 못한 잘못들이 생각나 창문을 올리고 울면서 운전을 합니다. 거룩하신 하나님 앞에 설 때마다 십자가가 즐겁습니다. 십자가를 달게 지면 예수님은 가장 절친한 친구가 되어 주십니다. 십자가는 나를 곧장 신실하신 하나님 앞으로 데려가 줍니다.

하지만 그런 가운데서도 십자가에 못 박지 못한 죄가 있었습니다. 성적인 문제였습니다. 나는 모든 것에 다 승리했다고 말할 때에도 성적인 유혹 앞에서 무너졌습니다. 그건 참으로 힘든 고통이었습니다. 성적인 부분을 십자가에 내려놓기 위해 얼마나 오랜 시간이 걸렸는지 모릅니다. 나는 성적인 광고 메일을 열어 보았습니다. 어떤 때는 음란한 사이트를 열어 보기도 했습니다. 나는 강력한 성적 본성 앞에 참혹하게 꼬꾸라졌습니다. 마음속에서 예수님의 절규가 들려오는 것 같았습니다. "자기를 부인하고 자기 십자가를 지고 나를 따르라."는 예수님의 명령을 100% 순종하고 싶었지만 번번이 영적 전쟁에서 실패했습니다. 하나님께 이 문제를 솔직하게 가지고 갔습니다.

"하나님, 십자가를 지고 십자가를 사랑하며 육체를 복종시키는 것은 인간의 본성으로는 할 수가 없음을 고백합니다. 나의 어떤 것도 나 자신의 힘으로는 할 수 없습니다. 성령님으로 말미암아 더욱 하나님의 깊은 사랑과 거룩함에 잠기기를 원합니다. 사단을 두려워하지 않겠습니다. 십자가를 지겠습니다. 이 고난을 즐거이 따르겠습니다."

성적인 죄가 나를 유혹하는 힘이 강해질수록 더욱 하나님을 인정하고 그분의 깊은 곳으로 나아갔습니다. 성적인 고통은 나를 더욱 하나님만 의지할 수 있도록 붙들었습니다. 나는 놀라운 하나님의 섭리를 강풍에도 흔들리지 않는 뿌리 깊은 나무처럼 영혼으로 받아들이게 되었습니다. 성령님께서는 결단하는 의지를 축복해 주시고 이길 수 있는 힘을 주셨습니다. 이제는 야한 사진을 보고서도 책을 덮을 수 있는 용기를 성령님의 도우심으로 얻게 되었습니다. 이상한 사이트도 열어 보지 않게 되었습니다. 그런데 이처럼 십자가를 지고 나니 어떤 일이 벌어졌는지 압니까. 놀라운 일이 벌어졌습니다. 그것은 유혹을 이기고 십자가를 질 때의 기쁨과 즐거움이 유혹에 굴복했을 때의 쾌락보다 비교도 안 될 정도로 크다는 사실이었습니다. 그때서야 다시 깨닫게 되었습니다. 십자가란 즐거운 것이란 사실을. 하나님은 어떤 의미에서 참된 쾌락을 우리에게 허락하셨다는 것을. 세상이 줄 수 없는 기쁨이 십자가의 고난 속에 숨어 있다는 것을.

또 신기한 것은 영적인 삶에 높이 도달할수록 더 무거운 십자가를 발견한다는 사실입니다. 하지만 하나님은 넉넉히 이길 힘을 주시는 분이십니다. 십자가가 무거울수록 하나님이 주시는 사랑과 그분을 향한 사랑이 더욱 커진다는 비밀을 알아야 합니다.

십자가를 질 때 배우게 되는 것은 겸손입니다. 십자가는 위로 없이 고통을 인내하는 법을 가르쳐 줍니다. 우리가 십자가에 달려 있을 때 사람들에게서는 어떤 위로도 받지 못할 것입니다. 하지만 십자가를 지는 것 자체가 우리에게 위로를 줍니다. 왜냐하면 십자가의 중심에 예수님이 계시기 때문입니다. 또 우리는 자신을 완전히 하나님의 손에 의탁하는 법을 배웁니다. 자기포기를 한다면서도 십자가를 기쁘게 질 마음이 없다면 그건 거짓 자기포기입니다. 하나님은 십자가를 지는 것을 즐거워하는 자에게 그의 얼굴을 보여 주십니다.

이 말을 어떻게 받아들일지 궁금합니다. 하나님의 임재에 깊이 들어갈수록 우리는 십자가를 소원하게 됩니다. 왜냐하면 우리는 모든 것을 주님의 손으로부터 온 것으로 받아들이는 데 더욱 익숙해질 것이기 때문입니다.

잔느 귀용은 고난을 사모하는 마음에 관해 큰 목소리를 냅니다.

"당신이 이 길을 원하지 않을까 봐 두려움을 갖지 말라. 내가 지금 말하는 수준의 체험에서는 고난을 굶주리듯이 사모하는 마음을 갖게 된다."

기복적인 사고가 섞여 있는 신앙의 초보자들에게 이런 말이 어떻게 들릴지 궁금합니다. 하지만 확신합니다. 우리의 영적 거리가 하나님과 가까워질수록 우리는 정말로 십자가를 따르기 원하고, 나아가 십자가의 고통까지도 원하게 되는 경지에 이르게 될 것입니다. 놀라운 경지이며, 하나님도 우리에게 원하는 수준입니다.

이것을 가능하게 하는 원천은 하나님에 대한 사랑입니다. 우리가 하나님에 대한 사랑으로 불타오르게 되면 다른 문제들은 우리의 관심사에서 사라져 버릴 것입니다. 우리는 어떻게 하면 하나님을 기쁘시게 할 것인지 만을 생각하게 될 것입니다.

고등학생 때 독서실에 공부를 하다 보면 밖에서 시끄러운 소리가 나 집중이 안 될 때가 있었습니다. 그 소리에서 벗어나려고 애쓸수록 소음은 더욱 크게 들리는 것 같았습니다. 하지만 공부에 푹 빠져 있을 때는 소음의 존재조차 인지할 수 없었습니다.

하나님 앞으로 나아갈 때도 마찬가지입니다. 하나님께 집중함이 길이요 해답입니다. 하나님에 대한 사랑만을 가지고 나아가야 합니다. 오직 하나님을 기쁘시게 하고픈 마음으로 나아가야 합니다. 우리는 하나님과 우리 사이의 관계 외에는 어떤 것에도 관심을 갖지 않게 될 것입니다. 나아가 우리 자신에 대해서도 완전히 잊어버리게 됩니다. 이것이 자기포기입니다. 십자가를 지는 우리라면 결국 자신에 대해서는 잊어버리게 됩니다. 이것이 십자가의 비밀입니다.

◎ 거룩함

십자가를 짊으로 자기포기를 하는 우리가 자연스럽게 도달하는 지점이 어디입니까. 십자가를 통과할 때 우리의 내면에서 어떤 변화가 일어나는지 조용히 귀를 기울여 봅시다. 하나님의 임재를 경험하기 위해 예수 그리스도를 전적으로 의뢰할 때 우리의 영혼은 어떤 질적 변화를 일으킵니까. 자기포기가 넓고 깊어질수록 우리에게는 되돌릴 수 없고, 값으로 매길 수 없는 귀하디귀한 영의 장엄

한 지각변동이 일어납니다. 그것이 무엇입니까. 바로 거룩함입니다.

거룩함은 하나님의 임재를 경험하는 데 있어서 얼마나 중요한 부분인지 알고 있습니까. 히브리서에 나오는 말씀입니다.

> "거룩함을 따르라. 이것이 없이는 아무도 주를 보지 못하리라."(히 12:14)

성경은 무엇이라고 말씀하고 있습니까. 우리가 거룩함을 따르지 않는다면 하나님의 얼굴을 보지 못할 것이라고 말하고 있지 않습니까. 다윗도 하나님과의 깊은 교제를 갈망하며 다음과 같이 말했습니다.

> "내가 나의 마음에 죄악을 품었더라면 주께서 듣지 아니하시리라."(시 66:18)

하나님이 우리가 하나님에 대해 갈망하는 것 그 이상으로 우리를 원하고 계신데도 불구하고 우리가 거룩함을 따르지 않는다면 우리가 그분을 보지 못하고, 하나님은 우리의 음성을 듣지 않을 것이라고 말씀하는 이유는 뭘까요. 그건 하나님의 속성 때문입니다. 하나님의 가장 본질적인 속성 중 하나이며, 하나님이 하나님 되게 하는 것이 바로 거룩함입니다. 하나님을 우리의 찬양을 받으시기에 합당한 분으로 만드는 것은 바로 그분의 거룩하심입니다. 요한계시록 4장에서 요한은 하나님의 속성에 관한 환상을 적고 있습니다. 하늘에서 네 생물이 하나님 보좌 주위에서 밤낮 쉬지 않고 이릅니다.

"거룩하다 거룩하다 거룩하다 주 하나님 곧 전능하신 이여 전
에도 계셨고 이제도 계시고 장차 오실 이시라."(계 4:8)

요한도 하나님의 거룩하심을 빛과 어두움에 비춰 표현하고 있습
니다.

"하나님은 빛이시라. 그에게는 어두움이 조금도 없으시니라."
(요일 1:5)

우리가 잘 알고 있는 이사야 6장 3절에서도 이사야는 환상 가운
데 주의 영광을 볼 때 나타났던 스랍들이 하나님을 거룩하다고 세
번씩이나 말하는 것을 보여 주고 있습니다. 이처럼 거룩하신 하나
님이 우리에게 준엄한 명령을 내리십니다. 바로 거룩하라는 명령
입니다.

"기록되었으되 내가 거룩하니 너희도 거룩할지어다 하셨느니
라."(벧전 1:16)
"나는 너희의 하나님이 되려고 너희를 애굽 땅에서 인도하여
낸 여호와라 내가 거룩하니 너희도 거룩할지어다."(레 11:45)

놀랍게도 하나님은 자신이 거룩한 것처럼 우리도 거룩할 것을
요구하고 계십니다. 인간인 우리에게 하나님의 거룩하심을 요구하
고 계십니다. 하나님의 거룩하심은 대체 어떤 거룩함입니까. 하나
님의 거룩하심은 하나님의 위엄과 하나님의 순결과 도덕의 완결성
을 내포하고 있습니다. 하나님의 거룩하심은 자신의 신성에 스스
로가 완전히 일치하고 있다는 뜻입니다. 하나님의 모든 생각과 행
위가 하나님의 거룩한 성품과 완전히 일치한다는 것입니다. 이처

럼 거룩하신 하나님은 단 하나의 흠도 그냥 내버려 두지 않으시고 불태워 버리시는 분이십니다. 그 앞에서 우리는 살아남을 수 없는 존재입니다. 그런데도 하나님은 왜 우리에게 거룩함을 요구하십니까. 우리에게는 대제사장이신 예수 그리스도가 계시고, 우리 안에서 거룩함을 완성해 가시는 성령님이 내주하시기 때문입니다.

이런 이유로 하나님이 그분의 완전한 속성상 우리에게 거룩함을 요구하시는 것은 구원받은 우리가 날마다 거룩함을 좇아 살라는 뜻입니다. 히브리서 12장 14절에서 거룩함을 따르라는 말이 바로 그 뜻입니다.

이 명령을 좇아 우리는 과연 흠이라고는 조금도 없는 완전무결한 삶을 살 수 있습니까. 뒷부분에서 밝히겠지만 하나님이 우리에게 궁극적으로 원하시는 모습은 더욱 성화를 이루어 나가는 것입니다. 하지만 태도에 있어서 하나님은 우리가 거룩함에 대해 진지하게 갈망하고, 삶 가운데 드러나는 죄에 대해 미워하며, 의지를 복종시켜 거룩함을 추구해 나가는 삶 자체를 요구하십니다. 베드로가 말한 대로 우리는 "외모로 보시지 않고 각 사람의 행위대로 심판하시는 하나님"을 모시고 있기 때문에 "나그네로 있을 때에 두려움으로 지내라."는 그의 말에 귀를 기울여야 합니다.

우리는 거룩함을 추구하더라도 스스로의 힘과 노력으로는 하나님이 요구하시는 거룩함에 이를 수는 없습니다. 성령님은 우리의 거룩하지 못한 모습을 깨닫게 해 주시며, 우리가 거룩함을 추구할 수 있도록 우리를 격려하고 힘을 실어 주십니다. 거룩함을 향한 우리의 이 같은 깊은 태도와 과정 자체가 바로 하나님이 우리에게 원하시는 거룩함의 모습입니다.

◎ 죄를 미워함

성령님이 우리를 거룩함으로 인도하실 때 우리는 죄를 미워하게 됩니다. 하나님의 임재를 갈망하는 우리가 자기포기를 위해 성령님께 영혼을 의탁할 때에 성령님은 우리 영혼의 리트머스 시험지가 되어 주십니다. 죄를 미워하느냐 하지 않느냐는 우리의 반응을 통해 우리의 영혼에 성령님이 일하고 계신지를 알 수 있습니다.

하나님의 임재를 경험한 사람들은 너무도 자연스럽게 죄를 미워하게 되어 있습니다. 이것은 맑은 물을 마신 사람이 다시는 오염된 물을 입에 대지 않는 것처럼 당연한 귀결입니다. 우리는 우연으로라도 죄를 범하면 극심한 영적 고통을 느끼고 다시는 그 죄를 짓지 않기를 바랍니다. 죄를 짓지 않는다고 이것이 곧 우리가 하나님의 아들이라는 신분을 가지고 있음을 말해 주는 것이 아닙니다. 죄를 미워하고, 죄를 짓더라도 가슴을 치면서 즉각적인 영적 회개를 하고, 돌이켜 다시는 죄에 종노릇하지 않을 것이라는 진정한 결단과 고백이 우리에게 있다면 우리는 하나님의 임재 가운데로 깊이 들어가고 있는 하나님의 아들입니다.

성경을 아무리 읽어도 '죄를 짓지 않은 사람'은 예수님 외에는 없습니다. 하나님의 마음에 합한 자라고 불린 다윗조차도 음란과 살인죄를 저질렀을 뿐만 아니라 하나님을 온전히 의뢰하지 못하고 두려워하는 죄를 범하기도 했습니다. 바울은 로마서 3장 10절에서 "의인은 없나니 하나도 없다."고 함으로써 이 세상에는 아무도 자신의 의를 자랑할 수 없음을 확실하게 못 박아 두었습니다. 그러나 하나님이 찾는 사람은 전혀 죄가 없는 사람이 아니라 죄가 없는 삶을 추구하는 사람입니다. 하나님이 기뻐하는 사람은 죄가 없는 사람이 아니라 죄를 미워하는 사람입니다. 이것이 바로 하나님이 "내가 거룩하니 너희도 거룩하라."고 명령하신 참된 속뜻입니다.

대학교 시절 나는 한국대학생선교회에서 순장을 지내기도 했고, 군대에서는 신우회장으로 모임을 이끌고 고아원에 봉사를 나가기도 했습니다. 사법시험을 함께 준비한 동료들에게도 애써 내가 크리스천이라는 것을 강조하며 나름대로 세운 거룩함의 기준으로 그들과 구별되려고 노력했습니다. 하지만 예수님을 인격적으로 만나고 하나님의 거룩하심 가운데로 들어가기 전까지의 내 거룩함과 내 신앙은 모조품에 지나지 않았습니다. 왜냐하면 나의 거룩함에는 진실로 죄를 미워하는 마음이 없었기 때문입니다.

> "나의 계명을 지키는 자라야 나를 사랑하는 자니 나를 사랑하는 자는 내 아버지께 사랑을 받을 것이요 나도 그를 사랑하여 그에게 나를 나타내리라."(요 14:21)

하나님은 그분이 주신 계명을 지키는 사람에게 자신을 나타낼 것이라고 분명히 말씀하십니다. 이 계명은 무엇입니까.

> "만일 너희나 너희의 자손이 아주 돌아서서 나를 따르지 아니하며 내가 너희 앞에 둔 나의 계명과 법도를 지키지 아니하고 가서 다른 신을 섬겨 그것을 경배하면"(왕상 9:6)

그렇습니다. 하나님이 주신 계명은 다른 신을 섬기지 않고 하나님을 섬기는 것입니다. 이 말은 곧 하나님의 거룩하심을 사랑하고 좇는다는 것이며, 죄를 미워한다는 것입니다. 하나님의 임재에 들어가는 사람은 참으로 죄를 미워합니다. 또한 하나님의 임재를 갈망하는 사람은 자신을 미워합니다. 우리가 얼마나 죄로 가득한 존재인지를 알아야 합니다. 우리의 죄성을 분명히 깨닫고 하나님의 거룩하심을 깨닫는 순간 우리는 자신을 미워하게 됩니다. 그것은 우리 안의 죄를 미워하기 때문입니다. 하나님의 임재로 나아가는 사람은 이런 의미에서 최대한 자신에게서 멀어지려고 합니다. 죄에서 멀어지기 위해서입니다. 그러고는 하나님께로만 가까이 나아가려고 합니다.

나는 언젠가 홀로 한 달간 국토종단을 한 적이 있습니다. 이 여행은 내 인생을 동이 서에서 먼 것처럼 질적으로 완전히 뒤바꿨습니다.

여행을 떠나면서 나는 길 위에서 단 한 가지만을 추구할 것을 스스로에게 맹세했습니다. 그것은 하나님만을 생각하는 것이었습니다. 왜냐하면 30년이 넘는 세월 동안 나는 대부분의 시간을 자신만을 생각하는 데 보냈기 때문입니다. 길 위에서 나는 절대 침묵을 유지했고, 사랑스럽고 부드러우며 인자하고 자비롭고 찬양받기에 조금도 부족함이 없으신 하나님의 임재를 경험하게 되었습니다.

비바람과 천둥, 번개와 무더위 속을 걸으며 하나님의 임재 가운데 지낸 후 결국 다다른 결론이 무엇인지 아십니까. 바로 하나님의 거룩하심과 나의 참담함입니다. 이 여행에서 나는 예수님을 인격적으로 만나면서 하나님의 거룩하심과 나의 참혹함을 뼛속 깊이 알게 된 것입니다. 이 깨달음이 내 인생을 완전히 변화시켰습니다. 인생을 모두 하나님께 드리기로 결정했습니다. 내가 이끌어가는 인생에는 아무런 소망이 없음을 하나님께 고백했습니다. 하나님은 완전한 거룩하심이니 비참함 중에 거하는 내가 살 길은 오직 하나님께 내 전부를 제사로 드리는 것밖에 없다는 결론을 내렸습니다.

그때부터 죄가 참으로 미워지기 시작했습니다. 빛과 어둠이 공존할 수 없듯이 하나님이 거하시는 내 영혼에 죄가 드러나자 말할 수 없는 고통이 느껴졌습니다. 예수님의 보혈의 피로 내 죄가 모두 구속함을 받았음을 깊이 깨닫게 되었습니다. 나는 숲의 새와 같이 원수의 꾐에서 자유로움을 만끽하게 되었습니다.

우리가 죄를 미워하게 될 때 그 죄가 하나님께 대해 짓는 죄라는 인식이 중요합니다. 우리 가운데 많은 사람들이 아직도 자신의 범죄가 하나님께 대한 것임을 알지 못합니다. 우리는 우리의 짓는 죄가 하나님께 대한 것임을 인정할 때에만 참으로 죄를 미워할 수 있습니다. 플람머는 죄에 대해 다음과 같이 말했습니다.

> "우리는 죄가 하나님을 거역한 것이라는 사실을 알기까지는 그 죄의 정체를 올바로 안다고 할 수 없습니다. 죄가 하나님을 거역한다는 의미는 이것입니다. 즉, 죄로 말미암아 하나님의 법이 파괴되며, 죄로 말미암아 하나님의 권위가 무시되며, 죄로 말미암아 하나님의 통치가 이루어질 수 없다는 뜻입니다. 바로와 발람과 사울과 유다는 모두 다 '내가 죄를 지었다'고 했습니다. 그러나 돌아온 탕자는 '내가 하늘과 아버지께 죄를 얻었사오니'라고 했으며, 다윗은 '내가 주께만 범죄하며 주의 목전에 악을 행하였사오니'라고 말했습니다."

다윗의 위대함이 여기에서 나타납니다. 다윗은 밧세바를 범한 것이 하나님께 대하여 지은 죄라는 분명한 생각을 가지고 있던 사람입니다. 그는 다음과 같이 고백했습니다.

> "내가 주께 범죄하지 아니하려 하여 주의 말씀을 내 마음에 두

었나이다."(시 119:11)

"내가 주께만 범죄하여 주의 목전에 악을 행하였사오니 주께서 말씀하실 때에 의로우시다 하고 주께서 심판하실 때에 순전하시다 하리이다."(시 51:4)

"내가 말하기를 여호와여 내게 은혜를 베푸소서 내가 주께 범죄하였사오니 나를 고치소서 하였나이다."(시 41:4)

다윗은 죄란 하나님에 대한 반역이라는 사실을 알고 있었기에 나단이 지적했을 때 즉시 회개할 수 있었습니다. 이때 그의 마음에는 죄를 미워하는 마음이 불꽃처럼 다시 회복되기 시작했습니다. 하나님이 마음에 기뻐하는 자는 바로 이런 사람입니다. 하나님의 음성이 들려올 때마다 순식간에 드러나는 죄를 미워하면서 하나님의 거룩하심을 사모하는 마음으로 성실로 그 존전에 나아가기를 힘쓰는 사람이 아니겠습니까.

하나님의 거룩하심을 알게 될수록 죄를 미워하게 되며, 죄를 미워할수록 하나님의 거룩하심을 사모하게 됩니다. 죄를 미워하면 자신을 미워하게 되며, 자신을 미워하게 되면 사람들을 두려워하지 않게 됩니다. 이 진리는 크리스천의 일상에도 중요한 의미를 가지고 있습니다.

아담은 하나님의 뜻대로 행하지 않음으로 인해 두려워하여 숨었습니다. 그런데 아담의 죄는 다른 사람을 향한 태도에도 부정적인 변화를 가져오게 되었습니다. 내 뼈 중의 뼈요, 살 중의 살이라고 극찬을 아끼지 않았던 이브에게 아담은 비난을 퍼부었습니다. 하나님의 임재 앞에 머무르는 사람은 절대로 남을 비난할 수 없습니다. 그건 엄마가 자기의 아이를 비난할 수 없는 것과 같은 이치입니다. 아담의 죄는 타인에 대한 비난에만 그치지 않았습니다. 하나님께 대하여 숨었듯이 사람에게 대하여도 숨기 시작한 것입니다. 무화과 나뭇잎으로 자신의 수치를 가렸듯이 사람은 자신의 수치를 두려워하며 타인에 대해서도 두려워하는 마음이 생기게 되었습니다.

사람들이 타인에 대해 갖는 관계의 어려움은 본질적으로 우리들이 갖고 태어난 이러한 원죄에 기인한 바가 크다고 할 수 있습니다. 죄는 사람의 심장에서 하나님의 형상을 흐려 놓게 했습니다. 하나님은 아담에게 만물을 다스릴 권세를 주셨습니다.

인간은 범죄함으로 인해 만물을 다스리는 하나님의 형상을 잃어버리게 되었고, 인간관계에서도 정직과 사랑으로 나아가는 데 어려움을 겪게 되었습니다. 하지만 죄를 좋음으로 하나님으로부터 멀어진 인간이 이제 하나님의 인도하심으로 죄를 미워하게 되면 타인에 대한 관계에서도 사랑과 담대함이 생기게 됩니다.

예배 시간에 서로의 눈을 바라보며 축복해 주는 순간을 성도들이 얼마나 어색해하는지 모릅니다. 이 어색함에는 엄밀한 의미에서 인간의 죄성이 깔려 있습니다. 인간이 맘껏 서로를 축복해 주기 위해 태어난 존재인데도 축복에 어려움을 느끼는 이유는 육신 가운데 죄성이 남아 있기 때문입니다. 하지만 하나님의 임재로 영혼 가운데 성령님이 가득하게 되면 누군가를 축복해 주는 일은 세상 그 어떤 행위보다 값지고 열망하는 일이 됩니다.

관계의 어려움을 해결하기 위해 많은 책들이 각종 방법을 제시합니다. 웅변술을 배우라는 권고도 있고, 스스로에게 자신감을 가지라고도 합니다. 돈을 벌면 관계의 어려움이 해결된다는 조언도 있고, 더 많은 학식으로 내면을 채우라고도 합니다. 하지만 아닙니다. 절대 아닙니다. 우리의 짧은 인생을 다른 곳에서 헛되이 낭비해선 안 됩니다.(요 8:21)

하나님의 임재를 경험해야 합니다. 그 임재는 우리로 하여금 죄를 미워하도록 할 것입니다. 서로 사랑하지 못하게 하는 죄를 미워하게 되면, 우리는 담대히 타인을 향한 축복의 손을 뻗을 수 있을 것입니다. 하나님의 거룩하심은 사랑으로 가득 찬 거룩하심입니다. 그 거룩함이 하나님의 임재를 통해 우리 가운데 흘러넘치게 되면 우리는 말할 수 없는 사랑으로 넘실거리게 될 것입니다. 그 사랑은 모든 두려움을 내어 쫓으며 우리를 사랑의 공동체가 되게 할 것입니다.

◎ 자기포기를 통한 계시

하나님의 임재로 나아갈 때 우리가 반드시 해야 할 자기포기는 자신에게 일어나는 모든 것들이 하나님의 손길로부터 오는 것임을 인정하는 것입니다. 여기에는 우리의 모든 필요사항들을 포기하는 것뿐만 아니라 하나님께서 우리에게 어떠한 모습으로 임재하실 것인지에 대한 기대마저도 내려놓는 것을 의미합니다.

처음에는 이러한 자기포기의 모습으로 하나님께 나아갈 때 조급함이 우리를 부추길지도 모릅니다. 우리의 눈에는 당장의 의식주 해결이 더 급한 문제로 보이기 때문입니다. 하지만 하나님은 우리가 의식주의 문제로 나아오든 아니면 어떤 영적인 은사를 간구하면서 나아오든 전적으로 무에서 시작하기를 원하십니다.

하지만 우리는 지금 쥐고 있는 환경에서 출발하기를 원합니다. 피아노를 전공했기 때문에 하나님은 피아노 연주를 통해 우리에게 역사하실 것이라고 믿고 있습니다. 2남1여를 둔 가장이기 때문에 어느 수준 이상의 임금이 보장되는 직업이 아니라면 하나님이 인도하시는 길이 아닐 것이라고 생각합니다. 영어실력이 짧기 때문에 외국에서 진로를 열어 간다는 계획은 결코 하나님의 뜻이 아니라고 생각합니다. 고등학교만 졸업했기 때문에 똑똑하다고 자부하는 사람들에게 복음을 전하는 것에 스스로 제한을 둡니다. 이처럼 하나님의 임재를 갈망하는 우리 안에 스스로 만들어 놓은 제한된 응답의 울타리가 얼마나 견고하게 서 있는지 우리가 깊이 알게 된다면 우리는 자기를 포기해 드림의 참된 의미를 통찰하게 될 것입니다. 우리네 사정이 이렇게 답답하기 때문에 하나님은 우리의 철저한 자기포기를 원하십니다. 하나님은 어떤 계시를 보여 주시길 원하십니다. 하지만 대부분 우리의 기대와 다를 것이기 때문에 우리는 자기포기가 없이는 하나님의 계시를 온전히 받들어 따를 수 없습니다. 성령님이 우리의 자기포기를 완성시켜 주실 것을 간구해야 합니다.

우리가 어떠한 허무함을 느끼게 된다면 그 이유는 세상이 원하는 기준을 채우지 못했거나 더 발전시켜야 할 이력이 남아 있기 때문이 아니라 더 포기하지 못했기 때문임을 알아야 합니다. 두 손을 펴 보십시오. 그리고 남아 있는 인생을 세어 보십시오. 인생은 화살과 같이 빨리 지나갑니다. 인생이 소설처럼 기승전결로 이루어져 있고, 지금은 아직 도입 단계에 불과하다고 생각하고 있지는 않습니까. 인생은 언제나 해석되어야 한다는 생각도 버려야 합니다. 인생은 기승전결로 이루어져 있지 않습니다. 사람들은 젊을 때 배우고 중년 때 열심히 돈을 벌어 노년에 은퇴해 편히 쉰다는 계획을 세웁니다. 하지만 성경에 나오는 인물들을 보십시오. 특히 예수 그리스도를 본받기로 작정한 신약의 인물들을 기억해 보십시오. 세상의 기준에서 본다면 하나같이 비극적이고 불행한 삶을 살지 않았습니까. 감옥에 갇히고 십자가에 거꾸로 매달려 죽고, 톱에 켜 죽고, 돌에 맞으면서 험난한 세월을 보내지 않았습니까. 편안한 노후생활을 즐긴다는 생각을 한 적이 있습니까. 그들의 인생은 오직 하나님으로부터 받은 사명을 죽기까지 따라가는 것밖에 없었습니다.

제자들의 인생이 스승의 인생보다 나을 수 없다고 예수님이 말씀하셨습니다. 우리는 예수님을 받아들이는 순간부터 그분의 제자가 되었습니다. 우리의 인생은 예수 그리스도를 본받아 완전한 자기포기에 이를 때만이 부끄럽지 않은 완전한 삶을 살았다고 말할 수 있습니다.

자기포기가 이루어진 우리에게 하나님이 보여 주실 계시는 무엇입니까. 바로 예수 그리스도입니다. 예수 그리스도를 본 사람은 하나님을 본 것과 같기에 하나님은 예수님을 보여 주십니다. 하나님이 우리에게 주시는 계시, 곧 예수 그리스도는 우리를 완전하게 할 것입니다. 자기포기가 우리의 모든 것을 십자가 앞에 내려놓음을 뜻한다는 생각 때문에 완전히 무로 돌아간 우리의 삶이 손해만 보는 삶이요, 길을 잃어버린 삶이요, 어둠에 빠져 버린 삶이라는 불안감에 사로잡혀 있지는 않습니까. 걱정할 필요가 전혀 없습니다. 하나님은 우리에게 부어 주시되 풍성히 부어 주시기를 원하고 계십니다. 하지만 하나님의 차원은 의식주에 골몰하는 인간의 차원을 넘어 계십니다. 하나님은 우리에게 반드시 있어야 할 것이 무엇인지 누구보다도 잘 알고 계십니다. 하나님은 우리가 무엇보다 성령으로 풍성히 채워지기를 바라십니다.

"우리 구주 예수 그리스도로 말미암아 우리에게 그 성령을 풍
　성히 부어 주사."(딛 3:6)

　　먼저 그 나라와 그 의를 구하기를 힘써야 합니다. 그것이 하나
님의 우리를 향한 가장 큰 바람입니다. 하나님의 이러한 거룩한
뜻에 우리의 뜻을 모을 수만 있다면 우리의 삶은 신비로운 역사로
가득 차게 될 것입니다.
　　예수님을 계시해 주시는 하나님이 우리에게 원하는 것은 예수님
의 흔적을 갖는 것입니다. 바울은 예수님의 흔적을 가진 것을 자
랑했습니다.

　　"내가 내 몸에 예수의 흔적을 가졌노라."(갈 6:17)

　　하나님의 임재와 관련해 예수님의 흔적을 가진다는 것은 또 무
엇을 의미합니까.
　　첫째는 완전한 자기포기입니다.
　　하나님의 임재는 예수님의 완전한 자기포기를 본받게 합니다.

　　"그는 근본 하나님의 본체시나 하나님과 동등됨을 취할 것으로
　여기지 아니하시고 오히려 종의 형체를 가지사 사람들과 같이 되
　셨고 사람의 모양으로 나타나사 자기를 낮추시고 죽기까지 복종
　하셨으니 곧 십자가에 죽으심이라."(빌 2:6~8)

　　바울이 "자신의 몸에 예수의 흔적을 가졌다."(갈 6:17)라고 한
말은 예수님의 완전한 자기포기를 소유하게 되었다는 뜻입니다.
만물을 창조하신 하나님이 자신이 만드신 피조물 속으로 들어오셨

습니다. 세상에 그 어떤 자기포기가 이보다 더 충격적일 수 있겠습니까. 바울은 당대에 누가 보아도 부러워할 만한 신분과 학식을 뽐내던 자였습니다. 율법을 지키는 것에도 그를 따를 자가 없었습니다. 그가 하나님을 따르는 데 가장 큰 장애는 그의 곧은 목이었습니다. 다메섹에서 그에게 임한 빛은 피조물로 들어오신 예수님의 자기포기였을 것입니다. 예수님을 만난 후 바울이 보여 준 자기포기의 삶은 이루 다 열거하기 힘들 정도입니다.

> "내가 수고를 넘치도록 하고 옥에 갇히기도 더 많이 하고 매도 수없이 맞고 여러 번 죽을 뻔하였으니 유대인들에게 사십에서 하나 감한 매를 다섯 번 맞았으며 세 번 태장으로 맞고 한 번 돌로 맞고 세 번 파선하고 일주야를 깊은 바다에서 지냈으며 여러 번 여행하면서 강의 위험과 강도의 위험과 동족의 위험과 이방인의 위험과 시내의 위험과 광야의 위험과 바다의 위험과 거짓 형제 중의 위험을 당하고 또 수고하며 애쓰고 여러 번 자지 못하고 주리며 목마르고 여러 번 굶고 춥고 헐벗었노라."(고후 11:23~27)

바울이 한 모든 설교에는 자기포기에 대한 내용이 나옵니다. 바울은 자기포기를 자랑했습니다. 바울은 항상 자신을 어리석은 자라고 했으며, 자신이 알고 있던 모든 지식을 쓰레기라고까지 했습니다. 바울은 자신을 위해 약한 것들 외에는 자랑하지 아니할 것이라고 했습니다(고후 12:5). 그가 약한 것을 자랑하는 이유는 그리스도의 능력이 자기포기를 하는 사람 가운데서 나타난다는 것을 가르치기 위해서였습니다.

> "내 은혜가 네게 족하도다 이는 내 능력이 약한 데서 온전하여짐이라 하신지라 그러므로 도리어 크게 기뻐함으로 나의 여러 연

약한 것들에 대하여 자랑하리니 이는 그리스도의 능력이 내게 머물게 하려 함이라 그러므로 내가 그리스도를 위하여 약한 것들과 능욕과 궁핍과 박해와 곤고를 기뻐하노니 이는 내가 약한 그때에 강함이라."(고후 12:9~10)

약한 것이 오히려 하나님께 귀히 쓰인다는 하나님이 주신 이 말씀을 다르게 해석해서는 안 됩니다. 분명히 듣고 마음에 새기고 삶에 실천해야 할 것입니다. 하나님의 능력이 우리의 약함 가운데서 나타난다고 분명히 말씀하고 있지 않습니까. 우리는 약한 것을 자랑합니까. 아니면 강한 것을 자랑합니까. 바울은 "내가 약한 것을 자랑하리라."(고후 11:30)고 말했습니다.

위구르에 선교사로 나가 있는 동생이 선교사로 헌신하기 전에 이런 말을 했습니다.

"나는 영어가 부족해. 나는 결핵을 앓은 경험이 있어서 험한 환경에 노출되면 위험해. 나는 장이 안 좋아서 기름진 음식을 먹는 나라에 가면 어려움이 있을 거야. 나는 돈도 많지 않고……."

그랬던 동생이 종국에 선교사로 헌신한 것은 그가 약한 데서 능력을 나타내실 하나님을 신뢰했기 때문입니다. 얼마 전 공적인 일로 잠시 입국한 동생은 위구르 지역의 공기가 나빠서 그곳에서 오래 사역한 선교사들이 암에 걸리거나 어려움을 당하고 있다면서도 "죽으면 죽으리라."고 웃으며 고백하는 걸 봤습니다. 예수님의 자기포기의 흔적이 동생의 영혼에도 동일하게 새겨 있지 않다면 동생이 어떻게 이런 말을 할 수가 있었겠습니까.

바울의 자기포기는 자기의 생명을 조금도 귀한 것으로 여기지 않는 경지에 이릅니다.

"내가 달려갈 길과 주 예수께 받은 사명 곧 하나님의 은혜의 복음을 증언하는 일을 마치려 함에는 나의 생명조차 조금도 귀한 것으로 여기지 아니하노라."(행 20:24)

어느 날 나는 우면산 자락에 올랐다가 깊은 자기포기를 경험한 적이 있습니다. 그날은 비가 온 뒤라 유난히 상쾌한 아침이었습니다. 산자락에는 지난겨울에 떨어진 낙엽들이 아직도 수북이 쌓여 있었습니다. 봄이 깊어 가던 때라 하늘 끝까지 자란 높다란 온갖 나무들은 무성한 신록을 뽐내고 있었습니다. 우거진 숲이 청신한 아침 태양빛을 시야에서 가리고 있었습니다. 이름 모를 온갖 새들의 웃음소리가 내 영혼을 감미롭게 했습니다. 나는 숲을 걸으면서 하나님의 속성을 묵상했습니다. 입으로 소리를 내어 "하나님, 사랑합니다."라고 읊조렸습니다. 하나님이 온전히 내게 임재해 그분의 뜻이 나의 뜻이 되기를 소망하면서 말이죠. 차츰 시간마저도 잊게 됐습니다. 보다 귀한 순간으로 들어가는 중이라 시계를 들여다볼 필요가 없었습니다. 하나님이 뿜어 주시는 향기와 달콤한 위로 때문에 그 시간을 놓치고 싶지 않았습니다. 내가 소유한 모든 것을 다 내놓아서라도 하나님과의 깊은 친교를 지속해서 갖고 싶은 마음으로 충일한 상태가 되었습니다. 누룩처럼 하나님의 나라가 속으로부터 점점 부풀어 오르더니 우주보다 광활한 하나님의 나라가 들어서게 되었습니다.

당시 나는 크론병을 진단받은 직후였는데 의사는 경우에 따라 이 병은 암보다 무섭게 인간을 죽음으로 내몰 수 있다고 말했습니다. 그런데 감사한 일은 우주보다 넓은 하나님의 나라가 내면에서 가득 차오르게 되자 내가 어떤 병에 걸려 있는지조차 잊어버리는 단계까지 경험할 수 있었습니다.

그렇게 걷고 있는데 우거진 나무 숲 사이로 한 줄기 강렬한 태양 빛이 새어 들어와 망막 위에 걸터앉았습니다. 어둑한 숲 속에 순식간에 내려앉는 빛을 응시하며 히스기야 왕이 떠올랐습니다. 병들어 죽게 된 히스기야의 통곡을 들으시고 하나님은 15년을 더 살게 해 주지 않았습니까. 동시에 33세라는 적은 나이에 십자가에 매달려 숨을 거두시는 예수님의 모습이 떠올랐습니다. 그리고 그 위로 나 자신의 모습이 겹쳤습니다.

나는 행복한 마음을 주체할 수 없었습니다. 히스기야와 예수님 위로 나 자신이 투영되자 하나님은 내 인생을 향하여 큰 비밀을 밝혀 주시는 것을 알 수 있었습니다. 예수님은 비록 3년 반이라는 짧은 공생애를 사셨지만 십자가 위에서 모든 소명의 완전을 마지막 말로 내뱉으셨습니다.

"다 이루었다."(요 19:30)

히스기야 왕처럼 생명을 더 늘여 가면서까지 살려는 사람이 있는가 하면 예수님처럼 짧지만 모든 것을 하나님의 뜻에 따라 완전하게 살아가려는 사람도 있습니다. 인생은 얼마나 많은 수명을 누렸느냐로 평가되는 것이 아니라는 깨달음이 나에게 왔습니다.

하나님은 비록 하루를 살더라도 하나님의 뜻에 합당한 삶을 산다면 소명을 다 이룬 삶이라는 걸 깨닫게 하셨습니다. 하나님이 나를 향해 베풀어 주신 소명을 분명히 깨닫고 참되고 주 앞에서 거짓 없이 산다면 수명의 길고 짧은 것은 하등 중요한 것이 아니란 걸 깊이 깨닫게 되었습니다. 앓고 있는 병의 갑작스런 격동으로 나는 내일 죽을 수도 있는 운명에 놓여 있었습니다. 나는 자문했습니다.

"너는 다 이루었느냐?"

그 질문은 곧 "네 소명을 발견했느냐? 그리고 그 소명 성취를 위해 오늘 가장 진실한 영혼의 발걸음을 옮겼느냐?"로 메아리쳐 돌아왔습니다. 야심차게 시작한 일이 결론도 없이 끝날 수도 있습니다. 그 일의 마무리는 내 뒤에 올 또 다른 소명자가 완성하겠지요. 착수한 일을 완성함이 나를 향한 하나님의 뜻은 아닐 것입니다. 단지 나는 하나님이 특별히 맡겨 주신 소명의 방향과 분량을 붙들고 걸어갈 뿐입니다. 여기엔 이기적인 욕망이 끼어들 여지가 없습니다. 더 본질적인 관점에서 비춰본다면 하나님이 만인에게 주신 소명은 한가지로 같다 볼 수 있습니다. 그 궁극으로 수렴되는 소명은 하나님의 임재 가운데 순종하는 삶입니다. 그 구체적인 길의 어떠함을 잘 알지 못합니다. 다 알 필요도 없겠지요. 중요한 건 주 예수께 받은 소명, 곧 그의 음성을 듣고 따름입니다. 만일 이러한 삶이라면 허락된 단 하루인들 멋진 삶이 되지 않겠습니까.

우리는 대체 무슨 인간적 대업을 이루기 위해 80년, 100년의 삶을 허비하고 있습니까. 우리들이 새로움과 개혁이라는 이름으로 축조하고 쌓아 올리는 것은 역사적으로 이미 이전 세대들이 쌓아 올렸다가 무너뜨림을 당한 것들입니다. 건물 하나 짓고, 누군가를 가르치더라도 그것이 하나님의 임재 가운데서 이루어진 것이냐가 제일 중요합니다. 이것만이 변하지 않는 새로움입니다. 하나님은 그 중심과 태도를 보시지 곧 사라질 무익한 결과를 기대하는 분이 아니십니다.

그러니 우리는 완전한 자기포기를 이루어야 합니다. 예수님이 자신의 모든 내적이고 외적인 것을 하나님께 포기하고 그분의 뜻에 따름으로써 '다 이룬 삶'을 사신 것처럼 우리 역시 완전한 자기포기를 갈망하며 내면에 예수님의 흔적을 가져야 할 것입니다.

예수님의 흔적을 가진다는 두 번째 뜻은 모든 계시를 받아들이는 것입니다. 하나님이 주시는 환경과 계시에 대해 토를 달지 않는 것입니다. 하나님이 허락하시는 것이면 좋아 보이든 싫어 보이든, 흑암이든 광명이든, 열매가 있는 삶이든 메마른 삶이든 언제나 동일한 하나님의 계시로 알고 받아들이는 것이 옳습니다.

하나님은 더러 당신이 이해할 수 없는 계시를 허락하실지 모릅니다. 그런 경우에라도 절대 낙심하지 마십시오. 그럴 때마다 더더욱 자기를 포기하고 하나님만을 사랑하는 마음만으로 하나님께 나아가야 합니다. 하나님을 사랑한다면 하나님이 주시는 모든 계시를 감사로 받길 바랍니다.

5장_인내

◎ 포기는 없다

　하나님의 임재로 나아갈 때 안타깝게도 많은 사람들이 인내를 온전히 이루지 못하는 것을 봅니다. 사람들은 인내를 영적 생활의 부차적인 것으로 취급하기도 합니다. 성격이 급한 그리스도인들은 하나님을 무엇이든지 뚝딱하고 생기게 해 주는 도깨비 방망이 정도로 생각하면서 인내가 가져다주는 값진 열매를 추구하려 하지 않습니다.

　하지만 성경은 우리에게 인내를 온전히 이루라고 말씀하고 계십니다.

　　"인내를 온전히 이루라 이는 너희로 온전하고 구비하여 조금도 부족함이 없게 하려 함이라."(약 1:4)

　어느 날 오랜 시간 동안 하나님을 찾아온 한 형제와 이야기를 나누게 되었습니다. 그 형제는 아무리 기도를 해도 하나님의 음성이 들리지 않는다고 했습니다. 그는 실직 상태에서 새로운 직장을 놓고 기도하고 있었고, 폐가 좋지 않아 건강을 위해서도 기도를 하고 있었습니다. 그는 처음에는 하나님이 자신에게 명확한 음성을 들려주시고, 이 모든 문제들에서 새로운 길을 금방 내실 것이라는 확신이 있었다고 했습니다. 그는 일주일 내내 교회에 나와 집회라는 집회는 다 쫓아다녔습니다. 일정한 시간을 정해 금식 기도도 했습니다. 하지만 시간이 지나도 하나님의 얼굴이 보이지 않자 그는 극심한 고통 가운데 놓이게 되었습니다. 처음 가졌던 하나님에 대한 열정은 이제 원망의 마음으로 바뀌는 것 같았습니다. 참 안타까웠습니다. 나는 그를 보면서 한편으론 하나님이 그 형제를 얼마나 사랑하고 계신지 알 수 있었습니다. 하나님은 그 형제가 인내를 온전히 이루기를 바라고 계셨던 것입니다.

나는 그에게 고통이 오면 소망으로 견디는 것 외엔 다른 수가 없음을 알려 주었습니다. 단순히 견디는 것이 아니라 그 고통의 시간을 하나님 안에서 어떻게 견디느냐가 참으로 중요하며 이는 하나님이 고통을 허락하는 목적과도 긴밀한 연관이 있는 것입니다. 확실한 건 끝까지 포기하지 않는 사람에게 하나님이 그의 얼굴을 보여 주신다는 사실입니다. 우리를 기억하시고 인내의 온전한 연단 끝에서 만나 주실 것입니다. 절대로 포기하지 마십시오. 인내를 배우십시오.

우리는 욥을 통해 끝까지 포기하지 않고 하나님께 인내를 드리는 것의 중요성을 발견하게 됩니다. 그는 온전하고 정직하여 하나님을 경외하며 악에서 떠난 자였습니다. 이처럼 흠이 없을 것 같은 자에게 고통의 시간이 찾아옵니다. 자신이 가지고 있던 재물과 가족들이 다 소멸합니다. 고통이 처음에 다가오자 욥은 하나님의 기대를 저버리지 않고 그 모든 어려움들이 하나님의 뜻 안에서 이루어진 것임을 인정하고 나아갑니다.

"이르되 내가 모태에서 알몸으로 나왔사온즉 또한 알몸으로 그리로 돌아가올지라 주신 이도 여호와시오 거두시는 이도 여호와

시오니 여호와의 이름이 찬송을 받으실지니이다 하고 이 모든 일
에 욥이 범죄하지 아니하고 하나님을 향하여 원망하지 아니하니
라.”(욥 1:21~22)

욥은 고통의 시간 가운데 있으면서도 범죄하지 않고 하나님께
원망을 돌리지 않는 모습을 보여 줍니다. 그러나 사단과 사단의
도구가 된 친구들은 계속해서 욥을 공격해 옵니다. 욥의 이야기
전개는 하나님의 임재로 나아가는 우리들의 영적인 전개 과정과
유사한 부분이 많습니다. 욥의 친구들은 사실 욥을 위로하기 위해
찾아왔지만 그들의 위로는 욥을 더욱 괴롭게 할 뿐이었습니다. 욥
의 친구들은 욥이 당하는 고통의 원인이 죄에 있으니 돌이켜 자신
의 죄를 회개하라고 했습니다. 빌닷의 충고를 보십시오.

　　“네 자녀들이 주께 죄를 지었으므로 주께서 그들을 그 죄에 버
　려두셨나니 네가 만일 하나님을 찾으며 전능하신 이에게 간구하
　고 또 청결하고 정직하면 반드시 너를 돌보시고 네 의로운 처소
　를 평안하게 하실 것이라 네 시작은 미약하였으나 네 나중은 창
　대하리라.”(욥 8:4~7)

친구들의 말이 전혀 틀리진 않습니다. 하지만 극심한 고통 속에
빠져 있는 욥에게 친구들이 하는 위로는 진정한 위로라기보다 욥
의 고통을 가중시킬 뿐입니다. 욥의 친구들은 능히 이 고통에 대
한 대답을 하지 못하면서도 욥을 정죄합니다(욥 32:3). 욥의 고통
은 차라리 죽는 것이 나을 정도입니다.

　　“내 마음이 뼈를 깎는 고통을 겪느니 차라리 숨이 막히는 것과
　죽는 것을 택하리라.”(욥 7:15)

욥의 친구들이 욥에게 해 주어야 하는 위로는 욥 스스로 하나님의 음성을 듣기까지 그를 위해 기도하고 인내로 사랑해 주는 것이어야 했습니다. 이런 면에서 욥의 친구들은 참된 위로를 베풀지 못했습니다. 욥으로서도 그는 하나님을 향해 인내하지 못하고 스스로의 생각과 판단으로 하나님을 원망합니다.

"그런즉 내가 내 입을 금하지 아니하고 내 영혼의 아픔 때문에 말하며 내 마음의 괴로움 때문에 불평하리이다."(욥 7:11)

욥은 자신의 의를 방어하기에 급급합니다. 욥의 마지막 말들을 보십시오.

"만일 내가 허위와 함께 하고 내 발이 속임수에 빨랐다면 하나님께서 나를 공평한 저울에 달아보시고 그가 나의 온전함을 아시기를 바라노라…… 내가 언제 가난한 자의 소원을 막았거나 과부의 눈으로 하여금 실망하게 하였던가…… 만일 내가 사람이 의복이 없이 죽어 가는 것이나 가난한 자가 덮을 것이 없는 것을 못 본 체했다면…… 내 팔이 어깨뼈에서 떨어지고 내 팔뼈가 그 자리에서 부스러지기를 바라노라 나는 하나님의 재앙이 심히 두려워하고 그의 위엄으로 말미암아 그런 일을 할 수 없느니라."(욥 31장)

온전하며 하나님을 경외하며 모든 악에서 떠난 자였던 욥이 계속 되는 고통 속에서 드러내는 모순은 바로 자기의 의를 내세움에 있었습니다. 욥은 영적으로 하나님의 임재를 경험하지 못하는 시간이 계속되는 동안(욥 30:20) 자신의 의를 가지고 하나님 앞에 나아가려고 하는 큰 잘못을 범하게 되었습니다.

엘리후가 끝까지 지켜보다가 마지막으로 입을 엽니다. 엘리후는 욥이 하나님보다 자기가 더 의롭다 하는 것을 보고 거룩한 분노를 발합니다. 엘리후의 말은 38장부터 나오는 하나님의 말을 예비하는 성격을 띠고 있습니다. 하나님이 이제 말씀하십니다. 우리는 고통의 시간이 올 때 그 고통의 의미를 하나님이 논리적으로 착착 풀어 주실 것을 기대합니다. 하지만 하나님은 우리의 차원을 넘어섭니다. 하나님이 취하시는 방법은 우리의 모든 생각과 고민과 입술을 순식간에 닫아 버리는 것입니다. 바로 하나님 자신을 보여 주기 위함입니다. 하나님 자신을 보여 주심이 세상의 모든 해답을 뭉쳐 보여 주는 것보다 더 확실한 답임을 그분은 아시기 때문입니다.

> "이는 내 생각이 너희의 생각과 다르며 내 길은 너희의 길과 다름이니라 여호와의 말씀이니라 이는 하늘이 땅보다 높음같이 내 길은 너희의 길보다 높으며 내 생각은 너희의 생각보다 높음 이니라."(사 55:8~9)

하나님의 임재를 경험하지 못하는 시기, 영적으로 메마른 시기, 고통이 이해되지 않는 시기에 우리는 하나님이 경책하시는 말씀처럼 '무지한 말로 생각을 어둡게' 하지는 않습니다. 이러한 시기에 우리가 해야 할 일은 주님의 임재하심을 바라며 하나님을 향한 우리의 사랑을 쏟아 놓는 것뿐입니다.

하나님이 욥기 38장 4절부터 계시하시는 말씀의 요지는 결국 욥이 하나님의 하나님 되심을 인내를 통해 알기를 원하는 하나님의 마음입니다.

> "내가 땅의 기초를 놓을 때에 네가 어디 있었느냐 네가 깨달아

알았거든 말할지니라……."

하나님은 "네가 내 공의를 부인하려느냐 네 의를 세우려고 나를 악하다 하겠느냐"고 하시며 욥이 내세운 욥 자신의 의를 주님의 입에서 나오는 불의 입김으로 태워 버리십니다. 하나님은 우리가 우리의 의를 내세울 때 그분의 의를 보여 주십니다. 그럴 때 우리의 의는 초개같이 불태워집니다. 하나님의 임재를 보게 되면 우리는 모든 말문이 막혀 버립니다. 결국 욥은 하나님이 친히 자신을 나타내심으로 말미암아 하나님의 임재를 경험하고 그 경험을 이렇게 고백합니다.

"내가 주께 대하여 귀로 듣기만 하였사오나 이제는 눈으로 주를 뵈옵나이다."(욥 42:5)

당신은 이러한 하나님의 임재를 갈망합니까. 모든 무지를 태워 버리시고 영광된 그분의 임재 앞에 머리를 숙이게 만드시는 하나님의 임재를 갈망합니까. 하나님의 임재를 경험하기까지 욥이 취한 태도는 우리에게 반면교사로 작용합니다. 욥은 하나님의 임재를 느낄 수 없을 때에라도 자신의 의를 자랑하는 입술을 닫고, 친구들의 어떠한 정죄에도 귀를 기울이지 말고 오직 하나님의 선하신 얼굴을 갈망하며 잠잠히 인내하는 편이 나았습니다.

외경에는 메마른 시기를 어떻게 보내야 하는지에 대한 우리가 본으로 삼아야 할 귀한 말씀이 나옵니다.

"영적으로 메마르고 어두운 시기가 임할 때에도 조급해하지 말라. 하나님의 위로하심이 임하지 않고, 또한 지체된다고 해도 조급해하지 말라. 오히려 주님께 가까이 나아가서 인내하는 마음으로 주님을 기다림으로써 당신의 삶이 더욱 풍성해지고 새롭게 되도록 하라."

◎ 메마른 시기를 인내하기

하나님의 임재를 갈망하며 나아갈 때 하나님의 임재를 경험하지 못하는 시기가 오랫동안 지속되더라도 절망하지 않기를 바랍니다.

"여인이 어찌 그 젖 먹는 자식을 잊겠으며 자기 태에서 난 아들을 긍휼히 여기지 않겠느냐. 그들은 혹 잊을지라도 나는 너를 잊지 아니할 것이라."(사 49:15)

그렇습니다. 하나님은 우리를 결코 잊지 않고 찾아오십니다. 하나님이 우리에게 자신의 얼굴을 숨기시는 까닭은 우리를 사랑하시기 때문입니다. 우리가 오직 하나님만으로 기뻐하기를 바라시기 때문입니다. 이러한 하나님의 뜻을 안다면 우리는 영적으로 메마른 시기에 오직 하나님만을 기뻐하는 마음으로 나아갈 수 있을 겁니다. 이 시기에 많은 사람들이 범하는 우는 무엇인가를 해야 한다는 조급함입니다. 잔느 귀용은 이러한 우리의 무지를 다음과 같이 지적했습니다.

"당신이 영적으로 메마른 시기를 만나게 될 것이라는 사실 자체가 문제가 되는 것은 아니다. 중요한 문제는 영적으로 메마른 시기에 당신은 무엇을 할 것인가 하는 것이다. 여기서 당신의 선천적인 성향들에 관해 알아야 한다. 영적으로 메마른 시기에 주님께 당신의 사랑을 입증하기 위하여 노력하는 것은 당연한 일일 것이다. 그러나 메마른 시기에 당신은 주님께 대한 당신의 충성심(혹은 신실함)을 입증하려고 노력하고 있다는 사실을 발견하게 될 것이다. 당신은 있는 힘을 다하여 그렇게 하려고 할 것이다. 또한 당신은 무의식적으로, 그러한 노력이 주님이 더 빨리 당신에게로 돌아오시도록 설득할 수 있게 되기를 바랄 것이다. 그러나 그렇지 않다."

영적으로 메마른 시기를 지날 때 우리가 하나님에 대한 사랑을 입증하기 위해 노력함까지도 잘못된 것입니다. 그렇다면 우리는 어떠한 모습으로 이 어려운 시기를 인내해 나가야 할까요. 그의 목소리에 좀 더 귀를 기울여 봅시다.

"참고 인내하는 사랑의 마음을 가지고 사랑하는 주님이 당신에게로 돌아오시기를 기다려야 한다. 자기를 부인하며, 겸손히 행하는 사랑의 마음으로 그렇게 하라. 주님께서 친히 자신을 감추셨다고 할지라도 계속하여 주님 앞에 머물러 있으라. 주님 앞에 있는 그 자리에서 당신의 사랑의 마음을 주님께 쏟아 놓으라. 열정적으로, 그러나 또한 언제나 평온한 마음으로 그렇게 하라는 말을 덧붙이고 싶다."

그렇습니다. 하나님이 우리에게 주시는 시련의 시간은 이성으로는 해석이 불가능해 보일 수 있습니다. 하나님은 그분의 얼굴을 감추시고 이 어려운 환난의 시기를 우리가 어떠한 모습으로 통과하는지를 보고 계십니다. 이 시기에 우리는 어떤 행위로 하나님께 나아가려고 해선 안 됩니다. 자신의 어떠한 의를 자랑해서도 안 됩니다. 오직 하나님을 사랑하는 마음만으로 나아가야 합니다. 하나님만으로 즐거워하며 기뻐해야 합니다. 비록 그분의 얼굴이 쉽사리 보이지 않더라도 신실하신 하나님의 약속을 믿고 그 시간을 견디십시오.

메마른 시기가 오면 견뎌야 합니다. 그 외에는 어떠한 방법도 없습니다. 다른 전략이나 수단을 써서 그 시기를 벗어나려고 하면 안 됩니다. 그 메마른 시기는 우리에게 꼭 필요한 시간입니다. 어려움과 환난의 시기는 모든 것이 평안한 시기만큼이나 하나님의 입장에서는 우리에게 필요한 것입니다.

우리는 다볼산에서 예수님이 변화되신 현장에 있을 때에 주님을 찬양하고 기뻐할 수 있습니다. 그러나 갈보리 그 처참한 언덕, 모든 희망이 땅으로 꺼지고 하늘마저 어두워진 먹구름 짙은 그 시간에도 주님을 찬양하고 기뻐할 수 있습니까. 하나님은 우리가 다볼산에서든 갈보리에서든 동일한 모습으로 하나님을 기뻐하기를 원하십니다. 그러니 우리의 삶에 닥친 갈보리 언덕이 아무리 가파르고 가시밭길이더라도 그 길을 십자가를 지고 올라가야 합니다. 힘이 든다고, 내 뜻과 맞지 않다고, 하나님이 침묵하신다는 이유를 대며 그 길을 피해 가려고 하지 마십시오. 하나님이 우리에게 그 갈보리 언덕을 끝까지 견뎌 낼 힘을 주실 것입니다. 그 믿음으로 갈보리 언덕을 올라갑시다. 불평의 입을 닫읍시다. 하나님을 향한 사랑의 마음이 불타오르기를 갈망하며 그 길을 갑시다. 나는 수많은 그리스도인들이 환난과 영적으로 메마른 시기를 견뎌 내지 못하고 온갖 불경건의 말을 내뱉는 것을 보았습니다. 인정하고 싶지 않지만 정말입니다. 힘든 시기일수록 침묵을 지키며 사랑의 마음으로 하나님 앞에 나아가기를 힘써야 합니다.

어느 날 한 분이 찾아와서는 이 세상의 종말이 얼마 남지 않은 것 같다면서 이 힘들고 고된 인생 가운데로 빨리 예수님이 재림하셔서 끝장이 났으면 좋겠다고 했습니다. 그 형제에게 나는 하나님의 우리를 향한 인내의 요구를 묵상해 보자고 제안했습니다.

"순장님은 하나님께서 빨리 오셔서 이 세상을 끝내 버리기를 원하시지만 사실은 하나님께서 순장님을 위해 그리고 모든 인류의 구원을 위해 그의 심판의 때를 인내로 늦추시고 계심을 생각해 보십시오. 순장님을 위해서도 하나님께서는 인내하셨습니다. 순장님을 단번에 처단하지 않으시고 구원의 손길을 끝까지 내민 분이 하나님이 아니십니까. 그 좋으신 하나님께서 지금 모든 인류를 위해 그의 공의의 심판을 늦추시고 계십니다."

그는 하나님이 인간을 위해 끝없이 인내하신 것과 그 인내의 이유가 인간을 향한 하나님의 가늠할 길 없는 사랑의 마음 때문이라는 사실을 다시 한번 생각할 수 있었다고 그 자리에서 감사의 고백까지 나아갔습니다. 메마른 시기를 지날 때에 우리는 하나님을 향한 사랑의 마음으로만 인내를 온전히 이루어야 하지만 사실은 오히려 하나님은 인간을 향해 먼저 그러한 인내를 이루셨습니다. 인간이 되신 하나님은 십자가에 달려 돌아가시면서도 우리의 죄를 용서해 주셨습니다. 우리 인류를 구원하기 위해 그는 끝까지 참혹한 고문을 견디셨습니다. 사람 중에 어느 누가 우리를 위해 그 같은 고문을 견딜 수 있겠습니까. 하지만 주님은 사람이 감당할 수 없는 사랑으로 죽기까지 복종하셨습니다. 우리는 하나님의 우리를 향한 이 같은 끝없는 인내를 기억하면서 하나님의 부재의식과 고난을 인내할 수 있어야 합니다.

◎ 소망 중에 인내하기

우리는 어떤 마음으로 광야의 시기를 인내하고 있습니까. 풀 한 포기 보이지 않고, 구원의 손길이 짧아 보이는 어려움의 시기를 우리는 어떤 태도로 인내하고 있습니다. 우리는 이 시기를 인내하려고 노력해야 합니다. 하지만 이기적인 태도로 인내하는 것과 하나님의 약속을 믿고 인내하는 것은 질적으로 다르며 미래뿐만 아니라 현재의 삶에 있어서도 중대한 차이를 만듭니다. 출애굽 한 이스라엘 민족들이 이 차이를 잘 예증합니다. 그들은 이적과 기사를 몸소 보았음에도 불구하고, 또한 비옥한 가나안 땅을 주겠다는 하나님의 약속을 받았음에도 불구하고 어려운 시기에 온전한 인내를 이뤄 내지 못했습니다. 그들은 배가 고프고 목이 마르는 등 어려움이 닥칠 때면 차라리 애굽에서 나오지 않았을 때가 더 좋았다면서 하나님의 뜻을 비웃어 버립니다.

하나님은 너무도 분명하게 친히 약속해 주시고 보여 주셨음에도 불구하고 광야 이스라엘 민족은 온전한 인내를 드리지 못했습니다.

이에 반해 요셉의 인내는 가히 그리스도인들의 귀감이 될 만합니다. 그는 불과 17세 어린 나이에 하나님의 꿈을 꿉니다. 이 꿈은 형들이 묶은 곡식 단이 요셉이 묶은 단을 둘러싸고 절을 하는 것과 해와 달과 열한 별이 요셉에게 절을 하는 것이었습니다. 이 꿈은 형들이 생각하는 것처럼 단순히 형들이 요셉을 섬기게 될 것에 대한 계시가 아닙니다. 이 꿈은 요셉을 통해 하나님이 이스라엘 모든 민족을 살리겠다는 원대하고 신묘막측한 꿈인 것입니다. 형들은 요셉을 미워하는 마음이 있었기에 그 꿈을 통해 하나님이 이스라엘 민족에게 보여 주시려는 큰 계시를 이해할 수 없었습니다.

요셉은 그 꿈을 이기적인 관점에서 해석하지 않았음이 분명합니다. 요셉은 그 꿈의 자세한 뜻은 모르지만 분명 하나님께서 이루고자 하시는 크고 선하신 뜻을 깨달았기 때문에 형들에게 이야기했을 것입니다. 하나님이 주신 약속에 대한 두 가지 극단적인 입장이 보입니다. 하나님의 관점에서 계시를 보려고 했던 요셉의 관점은 이후 야곱이 죽을 때까지 계속됩니다. 여기서 우리는 메마르고 혹독한 광야의 시기가 올 때 하나님의 약속을 분명하고 순결하게 붙잡아야 한다는 것을 배웁니다. 요셉의 형들처럼 지극히 육적인 관점을 가지고서는 메마른 시기에 온전한 인내를 이룰 수 없습니다. 도단에 가까이 오는 요셉을 보고 형들은 요셉을 죽일 음모를 꾸밉니다. 그리고는 말합니다.

> "그를 죽여 한 구덩이에 던지고 우리가 말하기를 악한 짐승이 그를 잡아먹었다 하자 그의 꿈이 어떻게 되는지를 우리가 볼 것이니라 하는지라."(창 37:20)

형들은 요셉이 꾼 꿈이 어떤 식으로 전개될 것인지 비꼬는 투로 말했지만, 여기에는 인내에 대한 심오한 진리가 숨어 있습니다.

첫째, 인내를 끌고 가고 계시는 하나님이 주십니다. 하나님은 요셉에게 괴롭히는 형들을 혼내 주라고 이러한 계시를 주신 게 아닙니다. 하나님은 요셉에게 그분의 이스라엘을 향한 꿈을 밝히셨습니다. 이 계시는 요셉의 요청에 따라 주어진 것이 아닙니다. 오직 신실하신 하나님이 일방적으로 요셉을 통로로 삼아 그분의 뜻을 밝히신 것입니다. 꿈을 주시고 그 꿈으로 인내를 이끌어 가시는 분은 하나님 자신이십니다. 요셉은 아직 어린 나이인데도 불구하고 하나님의 계시를 받았습니다. 요셉에게 꿈을 주신 분도 하나님이시고, 그 꿈을 믿음으로 인내를 이루게 하신 분도 하나님이십니다. 그러므로 우리가 하나님 앞에 나아갈 때 온전히 하나님이 주시는 꿈과 힘으로 인내를 온전히 이루어야 합니다. 애굽의 국무총리가 된 요셉은 오래 전 17세 때 하나님이 자신에게 주신 꿈의 비밀을 비로소 밝힙니다.

"하나님이 큰 구원으로 당신들의 생명을 보존하고 당신들의 후손을 세상에 두시려고 나를 당신들보다 먼저 보내셨나니"(창 45:7)

이 말을 듣고 형들은 마치 망치에 얻어맞은 듯 그들의 짧은 소견을 후회했을 것입니다. 요셉이 꾼 꿈은 죽음에 처할 형들의 생명을 보존하고, 그들의 자손을 번성시키며, 나아가 이스라엘을 구원하시려고 한 하나님의 넓고 큰 뜻 가운데서 이뤄진 것이었습니다.

둘째, 하나님의 계시는 반드시 이루어집니다. 이 비밀은 고난의 시기를 통과하는 그리스도인들에게 말할 수 없는 위로와 기쁨을 안겨 줍니다. 봄이 가면 여름이 오고, 여름이 가면 가을이 오듯이 하나님이 작정하신 계시는 반드시 이루어집니다. 봄이 오는 것을 막으려고 수많은 나무를 베어 버렸다고 하더라도 봄이 오지 않는 것이 아닙니다. 요셉을 통해 하나님이 의도하신 계시는 그를 죽이려고 한 형들의 음모에도 불구하고 마침내 이루어집니다.

"당신들은 나를 해하려 하였으나 하나님은 그것을 선으로 바꾸사 오늘과 같이 많은 백성의 생명을 구원하게 하시려 하셨는지" (창 50:20)

아무도 하나님의 계획을 막지 못하십니다. 악한 기운이 하나님의 계획을 해하기 위해 달려들지라도 하나님은 악을 선으로 바꾸면서까지 그분의 뜻을 관철시키십니다. 우리를 향한 하나님의 계획은 무엇입니까. 바로 우리를 향해 구원의 손길을 펼치시는 것입니다. 끝까지 우리를 사랑으로 이끄시고 아름답고 친밀한 관계로 부르심이 하나님의 우리를 향한 목적입니다. 이 목적은 우리를 통해 반드시 이루어질 것입니다. 비록 혈육을 잃어버리고, 육신의 한 부분이 썩어 들어가고, 급기야는 생명이 풍전등화처럼 간당거리더라도 하나님의 우리를 향한 이 목적은 반드시 이루어질 것입니다. 이 사실을 기억한다면 우리는 하나님이 안 계시는 것같이 느껴지는 광야의 시간을 담대한 마음으로 견딜 수 있을 것입니다. 우리 모두가 하나님을 사랑하는 마음만으로 이 시간을 조용함과 평안 가운데 인내할 수 있기를 진심으로 바랍니다. 하나님의 뜻은 반드시 이루어집니다. 조급해할 필요가 없습니다. 조급해지고 두려움이 스며든다면 우리는 자신의 말에 주권을 가지고 계신 하나님의 신실하심을 신뢰하지 못한다는 말이 되지 않겠습니까.

셋째, 인내는 더욱 하나님에 대한 사랑으로 우리를 이끕니다. 로마서 5장에는 환난 가운데 인내가 소망을 이룬다고 말씀하고 있습니다.

> "우리가 환난 중에도 즐거워하나니 이는 환난은 인내를, 인내
> 는 연단을, 연단은 소망을 이루는 줄을 앎이로다."(롬 5:3~4)

온전한 인내는 온전한 소망을 이룹니다. 온전한 소망은 무엇입니까. 바로 하나님 자신입니다. 우리의 가장 큰 소망은 하나님에 대한 사랑입니다. 우리를 향한 하나님의 사랑입니다. 이게 바로 하

나님의 임재입니다. 인내는 하나님의 온전한 임재를 경험하게 하고, 하나님의 온전한 임재는 우리를 온전한 인내로 이끄십니다. 할렐루야.

세상 사람들도 인내합니다. 하지만 하나님의 임재로 나아가지는 못합니다. 세상 사람들이 하는 인내는 행운이나 이득을 바라는 타산적인 인내입니다. 그들은 독한 마음으로 인내를 합니다. 그들의 인내의 뿌리는 탐욕입니다. 이런 까닭으로 인내하면 할수록 그들은 하나님을 미워하고 사람을 적대합니다. 더 많은 욕심을 채워서 누군가에게 보란 듯 떵떵거리며 사는 것을 보여 주고 싶어 합니다. 그들의 마음은 복수로 가득 차 있습니다. 하지만 하나님의 임재를 바라며 소망 중에 인내를 온전히 이룬 요셉은 달랐습니다.

창세기 50장에서 아버지 야곱이 죽자 요셉의 형들은 요셉이 자기들을 미워하여 복수할까 두려워합니다. 그들은 미리 겁을 먹고 요셉에게 와서 자기들을 종으로 삼아 달라고 합니다. 하지만 인내를 온전히 이룬 요셉이 한 대답은 무엇입니까.

"요셉이 그들에게 이르되 두려워하지 마소서 내가 하나님을 대신 하리이까"(창 50:19)

요셉은 "내가 하나님을 대신 하리이까"라고 말하면서 형들의 손에 의해 애굽에 팔리면서부터 지금에 이르기까지 자신의 인생에 일어난 모든 일들이 하나님의 뜻 가운데서 일어난 것임을 통찰하고 있습니다. 인생의 모든 일들이 하나님의 주권 아래에서 일어나는 것임을 선언하고 있습니다.

요셉을 판 것도 형들이 한 것이 아니라 하나님의 뜻 가운데서 된 것이요, 감옥에 들어간 것도 보디발의 아내가 한 것이 아니라 하나님의 뜻 가운데서 된 것이라는 고백입니다. 총리가 된 지금 형들을 다시 만나게 된 것 역시 형들을 복수할 수 있는 기회가 아니라 이스라엘을 구원하기 위해 하나님의 뜻 가운데서 일어난 일이라는 인식입니다. 하나님께서 다 하신 일인데도 불구하고 요셉이 형들을 복수하러 나선다면 요셉이 하나님을 대신하는 것이 아니고 무엇이겠습니까.

요셉의 경우처럼 우리도 인내를 온전히 이루게 되면 우리의 전 생애에서 이뤄지는 모든 상황 가운데서 하나님의 주권을 인정하게 될 것입니다. 인내는 우리를 하나님에 대한 소망과 사랑으로 이끌게 됩니다. 환란이 오거든 하나님의 약속을 믿고 견디십시오. 견디는 것 외에는 다른 방법이 없다는 것을 다시 말씀 드립니다. 하나님 앞에서 편법이나 요행을 바라지 말기 바랍니다. 고난 앞에 겸손히 견디십시오. 그 고난과 환란은 우리에게 필요한 것이기에 하나님이 주시는 것입니다. 우리가 그 고난을 잘 인내하면 우리의 하나님을 향한 사랑은 더욱 커지게 될 것입니다.

우리가 잘 아는 성경구절이 고린도전서 13장입니다. 그 장에는 믿음과 사랑과 소망이 나옵니다. 이 세 가지 아름다운 덕목은 하나님의 임재를 경험하는 중요한 열쇠이기도 합니다. 하나님의 당신을 향한 '믿음'을 간직하십시오. 어떠한 유혹과 속임수가 오더라도 그 믿음을 잃지 마십시오. 그리고 하나님에 대한 '소망'을 가지십시오. 그 소망은 우리를 하나님에 대한 깊은 '사랑'으로 이끌게 됩니다.

◎ 십자가, 인내의 완성

우리의 영혼이 내면을 향하기 시작했을 때 우리는 하나님의 임재를 점점 더 쉽게 경험하게 될 것이라고 말했습니다. 더욱 쉽다는 말은 익숙하고 편해진다는 말이 결코 아닙니다. 익숙하고 편해지는 방법은 하나님의 임재를 경험하는 삶에서는 존재하지 않습니다. 왜냐하면 하나님의 임재의 중심에는 십자가가 있기 때문입니다. 십자가는 두렵고 떨리는 길입니다. 십자가는 하나님께 도달하는 가장 확실하고 안전한 길을 보여 주지만 동시에 자기 십자가를 질 것을 요구하기 때문입니다. 하지만 두려워할 필요는 없습니다. 자비하신 하나님이 성령님을 보내 주셨습니다. 성령님은 우리가 자신의 십자가를 지고 예수 그리스도를 따를 수 있도록 날마다 새 힘을 주실 것입니다. 성령님이 우리로 하여금 도달하게 하는 예수님은 어렵고 두려운 십자가를 사랑과 평안의 십자가로 바꾸어 주신 분이십니다.

십자가를 묵상할 때 우리는 우리의 허물과 하나님의 자비하심 앞에 놓이게 됩니다. 우리의 허물과 하나님의 자비하심은 우리를 향한 하나님의 사랑을 표상하며, 하나님의 끝없는 인내를 가르쳐 줍니다. 하나님의 임재를 갈망하는 우리의 옛 자아는 어떤 모습입니까.

"그때에 너희는 그 가운데서 행하여 이 세상 풍조를 따르고 공중의 권세 잡은 자를 따랐으니 곧 지금 불순종의 아들들 가운데서 역사하는 영이라. 전에는 우리도 다 그 가운에서 우리 육체의

욕심을 따라 지내며 육체와 마음의 원하는 것을 하여 다른 이들
과 본질상 진노의 자녀이었더니"(엡 2:2)

우리의 옛 신분은 마귀의 아들이었습니다. 어둠의 지배를 받으면
서 하나님의 모든 명령에 반역하는 자였습니다. 먹고 싶고, 말하고
싶고, 가고 싶은 모든 것을 육체와 마음이 원하는 대로 했습니다.

누가복음 15장에 나오는 탕자가 바로 우리들의 모습입니다. 지
구상에 살아가는 사람이라면 그 누구도 탕자의 신분에서 자유로울
수 없습니다. 죄악 중에 출생했다는 다윗의 고백(시 51:1)처럼 우
리는 본질상 진노의 자녀이었음을 알아야 합니다. 하나님 아버지
안에 거할 때 참된 자유와 평화가 있는데도(롬 8:6) 우리는 죄 때
문에 하나님의 곁을 떠났습니다(엡 2:1). 죄는 먹음직도 하고 보암
직도 해서(창 3:6) 우리를 어둠의 일에 몰두하게 만들었습니다(엡
2:3). 우리는 영적으로 너무 어렸습니다. 하나님의 형상을 따라 지
은 최초의 피조물조차도 육체와 마음이 원하는 것으로 유혹해 오
는 뱀에게 굴복하고 말았습니다. 이처럼 죄의 유혹은 강렬하고 하
나님과 우리의 관계를 파괴시킬 만큼 끔직한 것입니다.

탕자인 우리들은 세상에 희망과 참 즐거움이 있을 것이라고 기
대하지만 시간이 지날수록 세상은 절망밖에 없다는 결론에 이르게
됩니다. 왜 그랬을까. 왜 안전한 하나님의 품을 떠나 방탕한 생활
을 했을까. 땅을 치고 후회를 하면서도 우리는 돼지가 다시 그 더
러운 곳에 눕는 것처럼 죄와 뒹굴었습니다(고후 7:7). 『천로역정』
에서 절망의 감방에 빠진 이의 고백처럼 말이죠.

"저는 제 자신의 정욕을 위해 그를 새로운 십자가에 다시 한번
못 박은 죄인입니다. 저는 그분의 인격을 경멸했고, 그분의 피를

부정한 것으로 생각했으며, 그 은혜의 성령을 욕되게 하였습니다. 그리하여 마침내 모든 언약으로부터 마음의 문을 닫아 결국 은총을 잃고 버림받게 되었습니다. 지금 제게는 맹수가 집어삼킬 듯한 위험, 명확한 심판과 원수로서 나를 태워 죽일 듯한 가혹한 분노의 위협과 두려움만이 있을 뿐입니다. 이 세상의 정욕과 쾌락과 헛된 부귀영화 때문이었습니다. 그때는 정말 이런 것들을 향유하면 즐거움과 행복을 얻게 될 줄 알았습니다. 그러나 이제는 그 모든 것들이 무시무시한 독충들처럼 저를 물어뜯고 삼켜 버리려 하고 있습니다."

하지만 이러한 절망적인 상황은 놀랍게도 우리를 다시금 하나님 아버지의 품으로 이끕니다. 성령님이 그 일을 하십니다. 성문 밖 생활은 화려한 줄 알았지만 너무나 힘들었습니다. 내 힘으로 학교를 다니고 사람을 사귀고 미래를 설계했지만 갈수록 힘에 부치고 지쳤습니다. 사람들이 알아주기를 바랐지만 공허함뿐이었습니다. 회색빛 도시는 물론이고 자연 속에 거할 때도 내 영은 참된 기쁨에서 멀어져 있었습니다. 불안으로 옷을 입고 절망으로 속을 채웠습니다. 나는 과연 어떻게 될 것인가. 이 멸망의 도시를 벗어나고 싶다. 아니 내일은 더 나아지지 않을까. 아니다, 수많은 사람들이 이 멸망의 도시에서 처참한 최후를 맞이하는 것을 보지 않았던가. 아, 이곳은 절망뿐이며, 내 집이 아니네.

우리는 절망을 경험해야 합니다. 죄에 족쇄 채워져 노예로 살아왔음을 고백해야 합니다. 이런 절망에 대한 인식과 고백을 바탕으로, 『천로역정』에 나오는 크리스천이라는 인물처럼 우리는 모든 것을 다 버리고 멸망의 도시를 벗어날 것을 성령님의 도우심으로 결단해야 합니다.

"그 사람은 전도자가 가르쳐 준 방향으로 뛰기 시작했습니다. 그가 채 멀리 가기도 전에 그의 아내와 자식들이 그가 뛰어가는 것을 보고는 어서 집으로 돌아오라고 소리쳤습니다. 그러나 그는 손으로 귀를 막은 채 계속 뛰어가면서 '생명, 생명, 영원한 생명 이여'하고 외쳐 댔습니다. 한 번도 뒤를 돌아보지 않고 들판 한가 운데를 향해 달렸습니다."

이 책에서 크리스천은 성령님의 도우심으로 십자가를 지나 하나님의 품에 도달하게 됩니다. 어느 날 아내는 『천로역정』을 읽고 난 뒤 심각한 얼굴로 입을 열었습니다. 멸망의 도시를 빠져나온 크리스천이 천국으로 가는 길 동안 왜 그토록 많은 어려움을 당해야 했는지 모르겠다는 것. 아내가 그 크리스천을 안타까운 모습으로 바라봤듯 하나님도 그분의 임재를 향하는 우리를 안타까운 모습으로 바라보십니다. 그리고 끝까지 우리를 인내하십니다. 아버지의 품을 떠나 멸망의 도시에서 방탕하게 살 동안 우리를 인내하신 분이 바로 하나님이십니다. 그 하나님이 이제 그 멸망의 도시를 떠나 하나님의 임재 앞으로 나아가기를 갈망하는 우리를 죽기까지 인내하실 것입니다.

죽기까지 우리를 인내하겠다는 하나님의 뜻이 나타난 것이 바로 십자가입니다. 십자가를 통해 우리는 두 가지를 발견하게 됩니다. 하나는 하나님이 마귀의 아들로 살아온 우리를 얼마나 오랫동안 인내하며 자비를 베풀어 주셨는지를 깨닫는 것입니다. 또 하나는 예수 그리스도가 십자가에서 보여 주신 끝없는 인내를 우리 역시 하나님 앞으로 나아갈 때 본받기를 그분이 원하신다는 사실입니다.

십자가를 앞에 두고 예수님은 엄청난 고통을 겪으셨습니다. 예수님은 "이 잔을 내게서 옮기시옵소서"(막 14:36)라고 하나님께 부르짖습니다. 하지만 하나님은 천하에 귀한 독생자 예수 그리스도의 핏방울 같은 기도를 외면하십니다. 충혈된 눈물을 머금고. 당시 십자가형은 얼마나 처참하고 극악무도한 형이었는지 키케로는 "십자가는 그 생각조차도 로마 시민 근처에 와서는 안 된다."고 말할 정도였습니다. 로마인에게 십자가형은 가장 잔인한 형벌로 살인자나 반란을 일으킨 노예, 식민지에서 극악한 형태의 범죄를 저지른 자에게나 해당되는 극형이었습니다. 로마인들은 반역과, 황재 시해를 제외하고는 그 어떤 흉악한 죄를 범하더라도 십자가에 달리지 않았습니다. 유대인들은 "나무에 달린 자는 하나님께 저주를 받았음이니라."(신 21:23)이라며 십자가 형벌을 혐오했습니다. 그 형벌을 하나님은 예수 그리스도가 지기를 원하셨습니다.

　사람들은 십자가에 달리신 예수님께 내려와 보라고 조롱했습니다. 이 잔을 내게서 옮겨 달라고 할 정도로 극심한 고통에 시달린 예수님은 십자가에서 내려와 그를 조롱하는 모든 사람들을 멸망의 늪으로 몰아낼 수도 있었을 것입니다. 하지만 예수님의 마음은 하나님의 마음과 같았습니다. 인내로서 이 십자가를 완성하는 것이었습니다. 예수님의 고통은 "나의 하나님, 나의 하나님, 어찌하여 나를 버리셨나이까"(마 27:46; 막 15:34)에서도 극명하게 나타납니다. 필립 얀시는 『내가 알지 못했던 예수』에서 복음서에 나오는 예수님의 기도 가운데 '아바' 혹은 '아버지'라는 호칭 대신에 사뭇 거리감이 드는 '하나님'이라는 호칭으로 기도한 경우는 이 십자가 상에서가 유일하다며 십자가 상에서 예수님은 엄청난 소외감을 경험하고 있었다고 풀이하고 있습니다. C.S. 루이스는 "하나님의 '숨어 계심'은 어떤 의미에선 하나님께 가장 가까이 있는 사람들일수록 가장 고통스럽게 하는 것이다. 그러기에 인간이 되신 하나님은 그 어느 인간보다도 더욱 고통스럽게 하나님과의 멀어짐을 경험하셨던 것이다."고 말했습니다.

예수님은 십자가에서 살이 찢기고 피가 쏟아지는 고통을 인내하신 뒤 한 마디를 내뱉고 돌아가십니다.

　　"다 이루었다."(요 19:30)

예수님은 십자가 위에서 마지막 고통을 감내하면서 인내를 온전히 이루신 것입니다. 가망이 없는 인간들을 위해 새롭게 난 산 길을 인내로 보여 주셨습니다. 우리가 하나님 앞으로 나아갈 때 우리 자신을 의지하거나 세상의 헛된 것들을 가지고 나간다면 예수님의 인내를 조롱하는 꼴이 됩니다. 이미 하나님은 우리가 그 앞에 가지고 나아갈 것이 아무것도 없음을 아시고 예수님을 주신 것입니다. 그 아들의 살이 찢겨 나가고 피가 쏟아지는 것을 보고도 끝까지 인내하신 하나님의 자비하심을 우리가 충분히 깨닫는다면 우리가 해야 할 일은 단 한 가지밖에 없다는 것을 알게 될 것입니다. 바로 인내로서 예수님의 십자가를 따라가는 것입니다. 예수님의 십자가를 따라가는 것은 많은 인내를 요구하지만 결코 어려운 길이 아닙니다. 왜냐하면 예수님이 다 이루셨기 때문에 우리는 계속해서 예수님 안에 머물기만 하면 되는 것입니다.

　　"나는 마음이 온유하고 겸손하니 나의 멍에를 메고 내게 배우라 그리하면 너희 마음이 쉼을 얻으리니 이는 내 멍에는 쉽고 내 짐은 가벼움이라 하시니라."(마 11:29~30)

다시 한번 강조하고 싶습니다. 당신의 인생에서 가장 시급한 문제는 언제나 '하나님의 임재'입니다. 정말 다른 것을 찾으려고 하지 마십시오. 콩닥거리는 가슴을 안고 화려해 보이는 길로 갔지만 결국 다시 제자리로 돌아올 것입니다. 우리의 내면이 모든 것을 내려놓는 태도로 하나님을 향하기 시작할 때 성령님을 통해 우리는 하나님의 임재가 점점 더 쉬워지는 것을 목도하게 될 것입니다. 왜냐하면 하나님의 임재는 그 안에 십자가가 있기 때문입니다. 허물과 죄로 죽었던 우리를, 하나님께 반항하는 진노의 자녀였던 우리를 예수님이 십자가로 완성시키셨습니다. 예수님은 공생애를 시작하실 때 광야에서 사단의 유혹을 인내로써 승리하신 이후 십자가에 돌아가실 때까지 모든 사역을 인내로써 행하셨고, 그 구원 사역을 인내로써 다 이루셨습니다. 하나님은 우리를 만나길 원하시는데 반드시 십자가를 통해 만나길 원하십니다. 왜냐하면 십자가 없이 하나님 앞에 선 우리의 모습은 어느 경우에도 거짓이며 위선이라는 것을 창조주 하나님께서 가장 잘 아시기 때문입니다.

하나님은 우리가 십자가를 온전히 통과한 모습으로 하나님 앞에 설 때까지 인내로써 우리를 기다리십니다. 우리가 하나님을 떠나 멸망의 도시에 살면서 방탕한 생활을 할 때에도 인내하신 분이 바로 하나님이십니다. 우리를 향한 하나님의 자비하심을 알 수 있는 대목입니다. 그 자비로우신 하나님이 이제 멸망의 도시를 벗어나 하나님 앞으로 나아가기를 갈망하는 우리를 동일한 심장으로 기다리고 계십니다.

십자가는 우리를 어떻게 하나님의 임재 앞으로 데리고 갑니까. 에베소서 2장 4~6절입니다.

"긍휼이 풍성하신 하나님이 우리를 사랑하신 그 큰 사랑을 인하여 허물로 죽은 우리를 그리스도와 함께 살리셨고 또 함께 일으키사 그리스도 예수 안에서 함께 하늘에 앉히시니"

놀라운 주님입니다. 우리가 하나님께 나아가고자 할 때 성령님은 우리가 해야 할 유일한 길을 가르쳐 주시며 그 길을 걸어갈 수 있는 새 힘을 주십니다. 그건 바로 예수 그리스도 안에 잠기는 것입니다. 예수 그리스도가 내 안에, 내가 예수 그리스도 안에 있게 되는 것입니다(요 14:20). 이제 우리는 예수 그리스도 안에 있게 됩니다. 이러한 상태는 우리에게 놀랍고 충격적인 방법으로 하나님께로 이끕니다.

예수님과 함께 우리는 죽고, 예수님과 함께 우리는 살아나는 것입니다. 그리고 예수님과 함께 하나님 곁으로 인도함을 받는 것입니다. 여기서 우리가 해야 할 무엇이 있다고 생각합니까. 아닙니다. 오직 예수님 안에 있기만 하면 되는 것입니다. 예수님 안에 머문다는 것은 자기로부터 벗어날 것을 전제로 합니다. 우리의 더러운 것을 가지고 예수님 안에 머물 수 없습니다. 걱정할 필요가 없습니다. 예수님의 십자가가 우리를 자신으로부터 벗어나게 도울 것입니다. 십자가를 지는 우리는 십자가의 인내를 본받아야 합니다. 세상 풍조를 따르면서 뼈와 살 속에 온갖 세상적 불순종으로 가득 찼던 우리들이 아닙니까. 이 모든 불순종과 더러운 것들의 속임수에서 벗어나 온전히 자신의 삶을 십자가 위에 내려놓기까지 우리에게 필요한 것은 소망을 가지고 인내하는 것입니다. 하나님께 대한 사랑과 약속을 믿고 끝까지 인내하는 것입니다. 불순물을 가진 광물들이 순수한 철로 태어나기 위해서는 뜨거운 제련 과정을 인내로서 견뎌 내야 합니다. 이 과정을 인내하는 사람에게는 영광의 면류관이 예비되어 있습니다. 가능성을 이야기하는 것이 아니라 반드시 당신 앞에 놓여 있는 면류관입니다. 믿음의 경주를 끝까지 달려 나가십시오. 비바람이 치고 광풍이 불고 목숨이 위협받는 순간에도 소망의 끈을 놓지 마십시오. 우리에게 일어나는 모든 일들을 하나님의 섭리로 받아들이고 감사로 인내하십시오.

인내는 점차 즐거워집니다. 인내의 목적을 알면 즐거워집니다. 인내는 나를 핍박하고 나를 멸시하기 위함이 아닙니다. 인내는 우리를 하나님께로 이끌기 때문에 오히려 즐겁습니다. 인내는 우리를 위해 십자가에서 사랑의 피를 쏟으신 예수님으로 이끌기 때문에 즐겁습니다.

나는 어느 겨울날 영적으로 아주 힘든 시기를 지나게 되었습니다. 표정을 아무리 밝게 지으려 해도 기력이 없었습니다. 급기야 산다는 것이 무슨 의미가 있을까라는 생각까지 하게 되었습니다. "오호라, 나는 곤고한 사람이로다. 이 사망의 몸에서 누가 나를 건져내랴"(롬 7:24)라는 바울의 고백이 내 것이었습니다. 자신감도 사라지고 차라리 이 힘든 세상을 서둘러 마치고 하나님의 품에 안기고 싶은 마음이 굴뚝같았습니다. 갑자가 찾아온 영적 겨울은 끝날 기미가 보이지 않았습니다. 그러던 어느 날 성경을 읽다가 내 영을 밝은 빛으로 조명하는 것 같은 어떤 강한 팔을 느끼게 되었습니다.

하나님은 에스겔 16장 6절의 말씀을 들려주시면서 내가 안개와 같이 희미하고 어두운 시기를 감사와 적극적인 인내로 잠잠히 머물러 있을 것을 요구하셨습니다. 하나님은 이제 지쳐 이생을 놓기를 소망하는 나에게 절대 포기하지 말라고 말씀하셨습니다. 하나님은 "내 사랑하고 나의 기뻐하는 아들아, 어느 순간에라도 포기하지 말고 용기를 가져라. 포기하는 것은 네 몫이 아니요, 부르심은 오직 나의 몫이니 나를 믿고 인내를 온전히 이루어라. 나는 네가 인내 속에서 십자가를 발견하고, 기쁨과 소망으로 어둠의 시기를 견딜 수 있기를 바라노라. 어둠을 두려워하지 말고, 어둠 속에 숨어 있는 나를 발견하여라. 그리고 온전히 기다리며 의지하는 법을 배우라."며 말씀하셨습니다. 이후로 나는 어두운 시기, 하나님의 음성이 들리지 않는 것 같은 시기를 지날 때에라도 기뻐하는 법을 알게 되었습니다. 이상하게 들릴지 모르나 고통이 즐거워지기까지 했습니다. 사람들은 대부분 고통과 환란을 기피합니다. 편안하고 안락한 생활을 축복이라 여기며 고통이 올 때 무슨 수단을 써서라도 빨리 빠져나가기를 힘씁니다. 하지만 우리에게는 목적이 이끄는 십자가가 있기에 고통은 즐거움이 될 수 있습니다. 고통 자체가 즐겁기 때문이 아니라 먼저 고통당하신 예수님이 우리가 고통당할 때 함께 하시며, 우리에게 넉넉한 어깨와 소망을 주시기 때문입니다.

> "공회 중에 앉은 사람들이 다 스데반을 주목하여 보니 그 얼굴
> 이 천사의 얼굴과 같더라."(행 6:15)

스데반이 그랬습니다. 돌에 맞아 죽어 가는 스데반의 얼굴은 천사의 얼굴과 같았습니다. 빛이 났습니다. 스데반은 돌에 맞아 죽어 가는 가장 비극적인 순간에도 남들이 보지 못하는 무언가를 바라보며 즐거워했습니다. 이제 분명하지 않습니까. 우리들이 모든 환경 가운데서 무엇을 응시하며 무엇을 의지해야 되는지 명확해졌습니다. 환난은 축복의 전야요, 위장된 임재임에 틀림없습니다. 우리를 사랑하시는 하나님이 우리가 환난을 당할 때 결코 우리를 혼자 버려두지 않으십니다. 어두운 시기에 더욱 하나님의 임재를 갈망해야 합니다. 다른 사람들은 어두운 시기를 걸어가고 있는 우리의

얼굴이 어둡고 절망적일 것이라고 예단합니다. 하지만 하나님의 임재를 깊이 경험한 성도들의 얼굴은 더욱 소망으로 빛날 것입니다. 하나님의 사랑의 임재는 모든 어두움을 몰아내기 때문입니다.

◎ 인내를 온전히 이룸

가장 큰 인내가 필요한 때는 아마 혼자 남겨진 시간이 아닐까 생각합니다. 그래서 하나님은 우리를 공동체로 부르십니다. 공동체는 우리들이 혼자 있을 때 넘어지기 쉬운 점을 보완하고 지탱해 줍니다. 헛된 말과 생각을 하지 않도록 우리를 경계합니다. 하지만 종국에는 우리는 하나님 앞에 홀로 서게 될 것이며 이때 우리가 취하는 모습이 우리에 대한 모든 것을 말해 줄 것입니다.

무리 중에 이적과 기사를 보이신 예수님도 홀로 하나님과 대면함으로써 소명의 십자가를 이겨 나갔습니다. 교회에 나와서는 온갖 신령한 표정과 언술로 사람들을 대하는 사람이 집으로 돌아가기만 하면 돌변하는 경우가 적잖다는 사실에 동의하시는지. 교회에 오면 말씀에 은혜 받고 빠른 결단을 하지만 교회 문을 나서는 순간 우리의 생각은 세상적인 습관대로 얼마나 빨리 흘러가는지 잘 알고 있지 않습니까. 나 역시 이러한 시기들을 지나며 성화의 과정을 겪었습니다. 성령님께서 도와주셨기 때문에 가능한 일이었습니다.

나 역시 혼자 있을 때 온갖 악하고 부패한 생각들이 마음속에 떠오르곤 했습니다. 이브가 아담으로부터 떨어져 혼자 있을 때 사탄의 꾐에 빠진 것처럼 나는 혼자 남겨졌을 때 사단이 대오를 정비하고 공격해 오는 것을 잘 알고 있습니다. 이럴 때 나는 이런 생각들이 사단에게서 비롯된 것임을 선언합니다. 그 떠오르는 생각들을 향해 정체를 밝힐 것을 명령합니다. 나는 그때마다 영혼을 하나님이 계신 곳으로 다시 향하게 합니다. 그 생각들 위로 하나님의 빛을 비춥니다. 빛이 비췄을 때 어둠이 떠나가는 것처럼 허탄한 생각들은 하나님의 임재 앞에 놓였을 때 뒷걸음쳐 달아났습니다.

이러한 현상은 예배 가운데서도 흔히 나타났습니다. 처음에는 신령한 예배를 드리고 있는 중인데도 내 마음속에 세상적인 염려와 욕심들로 채워지는 자신의 모습을 보았습니다. 이 문제를 놓고 하나님께 나아갔을 때 하나님은 마치 길가의 돌을 뒤집었을 때 어둠 속에 살던 벌레들이 달음질하는 것처럼 예배드릴 때 온갖 더러운 생각들이 갈피 없이 떠오르는 것을 이상히 여기지 말라고 하셨습니다. 빛이 들어오고 있다는 증거이기 때문입니다. 문제는 그다음입니다. 그 생각들의 정체를 밝히고 십자가의 보혈로 씻어 내는 것입니다. 하지만 이 일은 쉽지 않습니다. 날마다 죽노라고 말한 사도 바울처럼 이러한 생각들이 떠오를 때마다 십자가 앞으로 묶어 가는 훈련을 끊임없이 할 것을 명심하십시오. 이 과정에 바로 인내가 필요합니다. 이 인내를 온전히 이루게 될 때 말할 수 없는 하나님의 평안과 기쁨이 우리의 인생을 사로잡게 될 것입니다.

성경은 인내를 농부의 경작에 비유하고 있습니다.

"그러므로 형제들아 주께서 강림하시기까지 길이 참으라 보라 농부가 땅에서 나는 귀한 열매를 바라고 길이 참아 이른 비와 늦은 비를 기다리나니 너희도 길이 참고 마음을 굳건하게 하라 주

의 강림이 가까우니라. 형제들아 주의 이름으로 말한 선지자들을
고난과 오래 참음의 본으로 삼으라."(약 5:7~8, 10)

하나의 열매를 맛보기 위해서 농부는 88번 손이 간다는 옛말이
있듯 참으로 많은 인내를 합니다. 농작물을 자라게 하는 이는 농
부인 것 같지만 진정으로 농작물을 자라게 하시는 분은 하나님이
십니다. 이 사실을 믿음으로 받아야 합니다. 그리고 이른 비와 늦
은 비를 인내로써 기다려야 합니다. 마음을 굳건히 하고 하나님의
임재하심을 기다리십시오. 하나님의 얼굴을 보지 못해 메마른 시
기가 있을지라도 선지자들의 고난과 오래 참음을 기억하면서 그
메마른 시기를 견디어 내십시오. 농작물은 때에 따른 비와 환경이
필요한 것처럼 우리가 하나님 앞에 성숙한 그리스도인으로 서기
위해서라도 이른 비와 늦은 비를 기다리는 것이 마땅합니다. 조급
한 마음을 거두고 지금의 환난과 고독의 시간을 거룩함으로 기다
리십시오.

인내를 경주할 때 우리를 심각하게 흔드는 것이 또 있습니다.
바로 무엇인가를 해야 한다는 생각입니다. 우리는 많은 경우 번지
수를 잘못 잡고 딴 데서 인내를 이루려 합니다. 사업이나 학업이
나 진로의 문제 등을 가지고 돌진해 나가면서 인내하려고 합니다.
많은 경우 우리의 속도를 이미 정해 놓고 하나님께 맞출 것을 요
구합니다. 우리의 귀를 틀어막고서는 하나님께 말씀하라고 요구합
니다. 하나님은 본래 말씀하시는 하나님이십니다. 하나님은 사람들
에게 주파수를 맞추기 위해 사람의 몸을 입고 사람이 당할 수 있
는 최악의 고통을 당하셨습니다. 하나님은 오늘도 우리에게 말씀
하고 계십니다. 문제는 우리 자신에게 있습니다. 반항과 거역의 세
월을 살아온 우리는 하나님의 음성을 듣지 못하게 하는 온갖 발명

품들을 개발해 치장하고 다닙니다.

기억해야 합니다. 하나님의 우리를 향한 가장 큰 목적은 '우리 자신'이라는 사실을 기억해야 합니다. 하나님은 무언가를 하는 우리의 모습을 보고 우리를 받으시는 분이 아닙니다. 조용히 하나님을 바라보는 우리의 모습을 가장 기뻐하십니다. 어디에서 읽은 유명한 기도문이 생각납니다.

"모든 인생에는 앞으로만 돌진하는 것보다 더 낫고 깊이 파거나 더 강력한 어떤 것보다 더 나은 중단이 있으니 그것은 하나님을 조용히 바라보는 것이다. 열렬한 연설보다도 낫고 한숨이나 광야의 울음소리보다 더 나은 침묵이 있으니 그것은 하나님의 음성을 따라 조용히 있는 것이다."

우리의 모든 삶이 바로 이러한 하나님의 임재로 모아지는 삶이 되게 하십시오. 조용히 하나님과 만나는 것을 인생의 최고의 훈련으로 삼으십시오. 우리는 지금 얼마나 많은 문제들에 둘러싸여 있습니까. 그리고 그 문제로부터 하나님의 답을 구하고 있습니까. 인내로써 하나님의 임재를 경험하는 삶이 우리 가운에 이뤄지지 못하고 있다면 우리는 아무리 몸부림쳐도 하나님의 얼굴을 발견하지 못할 것입니다. 하나님이 주시는 참 평안의 길을 발견하지 못할 것입니다.

토마스 아 켐피스는 『그리스도를 본 받아』에서 인내의 중요성을 다음과 같이 기록했습니다.

"하나님의 위대하신 자비와 유일한 희망인 하늘에서 주시는 은총 이외에 누구를 믿고, 어디에서 희망을 찾겠습니까? 은총이 사라지고 내가 가난하게 홀로 내버려질 때, 내 옆에 선한 사람들이

나 경건한 형제들이나 충실한 친구들이 서 있어 준다 한들, 성스럽고 훌륭한 책이 나에게 있다 한들, 즐거운 성가나 찬송이 있다 한들 아무 의미가 없습니다. 왜냐하면 이 모든 것들은 그러한 때에 나에게 도움이나 즐거움을 주지 못할 것이기 때문입니다. 그런 때에는 인내심을 가지고 자신을 하나님의 뜻에 맡기는 것보다 더 좋은 것이 없습니다.

아무리 경건하고 신앙심이 깊은 사람이라도 때때로 은총이 사라지거나 경건함이 줄어들곤 합니다. 아무리 높은 경지에 도달하고 명성이 높은 성자라도 시험당하지 않는 사람은 없습니다. 하나님을 위해 다소의 고난도 겪어 보지 않은 사람은 하나님에 대한 숭고한 명상을 할 자격이 없습니다. 시험에는 반드시 위로가 따른다는 징표입니다. 시험을 잘 견디는 자만이 하나님의 위로를 받을 수 있습니다.

하나님께서는 역경을 잘 견뎌 내는 사람에게 위로를 주십니다. 또한 선한 행동을 하였다 하여 교만해지지 않도록 시험을 주십니다. 악마는 결코 자지 않으며, 육체는 아직 죽지 않았습니다. 언제나 싸울 준비를 멈추지 마십시오. 원수는 우리 주위에 서서 늘 지켜보고 있습니다.”

사탄의 가장 큰 공격 목적은 무엇입니까. 하나님의 자녀들을 하나님으로부터 떼어 놓는 것입니다. 우리는 사탄의 이런 공격에 대비해 언제나 싸울 준비를 해야 합니다. 그 싸움은 사탄에 대해 탐구하고 연구한다고 승리하는 것이 아닙니다. 토마스 아 켐피스가 말한 것처럼 우리가 은총이 사라지거나 경건함이 줄어드는 시험에 처할 때에도 인내심을 가지고 자신을 하나님의 뜻에 맡기는 훈련을 하는 것이 가장 확실하고 안전한 영적 준비입니다.

올봄에 나는 한 내적치유 프로그램에 참여할 기회가 있었습니다. 퇴원한 지 얼마 안 된 몹시 지치고 힘든 상황 속에서 참여하게 된 내적치유의 시간은 아무런 응답 없이 화살처럼 지나갔습니다. 나는 계속해서 하나님의 음성에 귀를 기울였습니다. 마음속에서 하나님이 무엇을 말씀하시는지 모든 인간적인 노력을 내려놓고 하나님의 음성을 기다렸습니다. 그러다 마지막 날이 되었습니다. 한 강사 목사님의 설교를 통해 하나님은 성경의 한 구절을 비춰 주시며 나의 마음에 불같이 임하셨습니다.

> "내가 네 곁으로 지나갈 때에 네가 피투성이가 되어 발짓하는 것을 보고, 네게 이르기를 너는 피투성이라도 살아 있으라. 다시 이르기를 너는 피투성이라도 살아 있으라하고"(겔 16:6)

하나님은 내가 피투성이가 되어 어려움에 처해 있음을 알고 계십니다. 사실 나는 하나님이 달콤한 말로 위로해 주실 줄 알았습니다. 그런데 하나님은 내가 피투성이인 채로 견딜 것을 명하셨습니다. 이 말씀은 섭섭함이나 속상함으로 이어지지는 않았습니다. 오히려 소망 가운데 더욱 큰 위로의 말씀으로 다가왔습니다. 하나님이 주시는 참된 위로는 나를 이 곤경에서 단번에 건져내 주시겠다는 약속이 아님을 알게 되었습니다. 그 건짐이 내게 독이 될 수도 있기 때문입니다. 하나님의 참된 위로는 하나님이 나를 알고 나를 기억하신다는 사실입니다. 할렐루야. 피투성이가 되어 발버둥 치는 모습을 하나님은 이미 독생자 예수 그리스도의 최후를 통해 경험하신 바 있습니다. 그때도 하나님은 예수님을 향해 손쉬운 구원의 손길을 내지 않으시고 피투성이일지라도 하나님 안에 살아 있으라는, 인내를 이루라는 사단의 유혹에 굴복해 영혼을 넘겨주지 말라는 엄중한 말씀을 하셨습니다. 그 말씀은 본질적으로 구원을 완성하기 위한 하나님의 사랑 안에서 이뤄진 것이었습니다. 나에게도 하나님은 인내를 온전히 이룰 것을 말씀하셨습니다. 인내를 온전히 이루라는 하나님의 말씀 속에는 다른 두 가지의 약속이 내포되어 있습니다. 하나는 그 인내를 이룰 때 내 곁에 동행하겠다는 약속이며, 또 하나는 인내를 온전히 이루었을 때 더욱 큰 면류관을 줄 것이라는 약속입니다.

인내를 온전히 이룰 때 주시겠다는 면류관은 실상 인내를 온전히 이루는 과정에서 이미 우리가 받게 됩니다. 가장 큰 면류관은 하나님 자신이기 때문입니다. 인내를 온전히 이루는 과정에서 우리는 세상의 모든 헛된 욕망들을 멀리하고 통제하는 능력을 갖추게 되며 동시에 거룩하신 하나님의 속성 가운데로 더 깊이 들어가는 영광을 맛보게 됩니다. 이 영광은 세상에서 천년을 누리는 즐거움보다 더 만족스러우며, 세상의 모든 보화를 소유한 것보다 더 충만을 주는 영원한 복입니다. 그것이 바로 인내가 우리에게 가져다주는 깊은 하나님의 임재입니다.

6장_순종

◎ 사랑에서 샘솟는 순종

우리는 하나님의 임재를 경험하는 원리의 마지막 단계까지 왔습니다. 마지막 단계는 순종입니다. 많은 사람들이 순종이라는 이 마지막 고비를 넘기지 못하고 주저앉는 경우를 많이 봅니다. 얼마나 많은 사람들이 순종을 어려워하는지 모릅니다. 순종은 하나님의 임재와 관련한 놀라운 비밀을 담고 있습니다.

어느 날 예수제자 훈련을 수료한 한 형제가 찾아와 자신이 신학을 해야 하는지에 대해 이야기를 나누었습니다. 그 형제는 하나님이 여러 가지 말씀과 예언의 능력이 있는 한 권사님의 입술을 통해 수차례에 걸쳐 자신에게 신학을 하라는 계시를 주셨다고 했습니다. 그러나 그는 머뭇거리면서 마음에 어려움을 호소하고 있었습니다. 어떤 길을 선택할지 고민이라고 했습니다. 사업을 하면서 신학을 할 수 있는지, 신학을 하면 개척교회를 해야 하는지 등에 대해 질문을 했습니다.

나는 그 형제에게 두 가지 부분을 먼저 점검함이 어떨까 제안했습니다. 먼저 하나님의 임재를 분명히 경험할 것을 당부했습니다. 그다음은 순종인데, 순종은 하나님의 임재를 맛본 사람이 하나님을 향한 사랑 때문에 자연스럽게 이뤄지는 것이어야 함을 일렀습니다.

순종이 어렵습니까. 헨리 나우웬은 『기도의 삶』에서 순종이 무거운 짐인 사람에게 그리스도와의 인격적 만남을 먼저 강조합니다.

"사랑의 구주의 임재를 놓친 채 오로지 채워야 할 굶주림, 해결해야 할 불의, 극복해야 할 폭력, 중단해야 할 전쟁, 없애야 할 외로움만 본다면 매번 우리의 삶은 감당 못할 짐이 되고 말 것입니다. 모든 것이 중요한 문제이고 그리스도인들은 마땅히 그런 문제를 해결하려 해야 합니다. 하지만 우리의 관심이 더 이상 살아 계신 그리스도와의 인격적 만남에서 흘러나오는 것이 아닐 때 우리는 무거운 짐에 허덕이게 됩니다."

우리가 순종을 어렵게 생각한다면 그 전에 하나님의 영광된 임재, 사랑으로 가득한 하나님의 얼굴을 보지 못했기 때문일 것입니다. 순종은 결코 어려운 것이 아닙니다. 성령님이 이 작업을 하십니다. 우리의 마음속에 하나님을 향한 사랑의 마음이 가득하게 하실 것입니다. 모든 문제가 덮쳐올 때 우리는 문제 자체에 집중함에서 떠나 전 존재를 하나님을 사랑하는 마음만으로 그분 앞에 머무는 데 힘써야 합니다. 하나님을 향한 사랑으로 가득하게 되면 우리의 순종은 물이 아래로 흐르는 것만큼 자연스럽고 즐거운 일이 될 것입니다.

"나의 계명을 지키는 자라야 나를 사랑하는 자니 나를 사랑하는 자는 내 아버지께 사랑을 받을 것이요 나도 그를 사랑하여 그에게 나를 나타내리라."(요 14:21)

누군가를 절절히 사랑하게 되면 그의 음성을 듣게 되어 있습니다. 하나님을 사랑하는 자는 하나님의 음성을 듣게 마련입니다. 하나님에 대한 사랑은 하나님의 영광을 보는 것과 같습니다. 하나님의 영광을 보게 되면 그 앞에서 무릎을 꿇지 않고, 자신의 욕심대로 산다는 것이 얼마나 무익한 일인지를 알고 부끄러움을 느끼게 됩니다.

순종 역시 예수님이 보이신 순종을 따를 자가 없습니다. 그분의 하나님께 대한 순종은 흠잡을 데 없으며, 우리들이 영원히 따라야 할 순종의 푯대입니다. 우리는 예수님이 어떻게 십자가를 지셨는지 잘 알고 있습니다. 예수님은 가장 치욕스런 언덕에서 가장 참혹한 죽음을 당하셨습니다. 예수님은 그 죽음을 자발적으로 선택하셨습니다. 천사들을 동원하실 수 있는 뛰어난 능력을 가진 예수님은 마음만 먹는다면 얼마든지 십자가의 길을 돌아갈 수 있었을 것입니다. 그러나 예수님은 고통과 아픔 가운데서도 기꺼운 마음으로 하나님의 뜻에 순종했습니다. 예수님이 십자가의 길을 갈 수 있었던 것은 오직 한 가지, 곧 참된 하나님을 보았기 때문입니다.

"이는 아버지를 본 자가 있다는 것이 아니니라. 오직 하나님에게서 온 자만 아버지를 보았느니라."(요 6:46)

예수님의 순종이 가능했던 것은 하나님을 온전히 알았기 때문입니다. 온전히 하나님의 임재 안에 거하셨기 때문입니다. 하나님의 온전한 임재가 예수님의 삶을 이끌고 갔기 때문입니다. 하나님과 항상 동행하셨던 예수님은 하나님이 얼마나 인생들을 사랑하셨는지 잘 알고 계셨습니다.

"하나님이 세상을 이처럼 사랑하사 독생자를 주셨으니 이는 그를 믿는 자마다 멸망하지 않고 영생을 얻게 하려 하심이라."(요

3:16)

하나님은 세상을 사랑하셨습니다. 세상이 하나님을 불신하고 적
대감을 드러내는데도 불구하고 세상을 사랑하셔서 독생자를 보내
주셨습니다. 세상이 독생자를 십자가에 못 박을 것을 알면서도 하
나님의 마지막 선택은 독생자였습니다. 곧 하나님 자신이었습니다.
독생자는 누구입니까. 독생자이신 예수님을 본 자는 곧 하나님을
본 자이며 예수님의 말씀이 곧 하나님의 말씀이며, 예수님의 마음
이 곧 하나님의 마음입니다.

"나를 본 자는 아버지를 보았거늘 어찌하여 아버지를 보이라
하느냐. 내가 아버지 안에 거하고 아버지는 내 안에 계신 것을 네
가 믿지 아니하느냐. 내가 너희에게 이르는 말은 스스로 하는 것
이 아니라 아버지께서 내 안에 계셔서 그의 일을 하는 것이라."
(요 14: 9~10)

그 예수님께서 우리를 향한 사랑의 마음을 보이고 계십니다.

"서로 사랑하라 내가 너희를 사랑한 것같이 너희도 서로 사랑
하라."(요 13:34)

우리들 역시 이 같은 예수님의 사랑을 알게 되면 예수님이 하나
님께 온전히 순종하셨던 것처럼 하나님께 순종할 수 있게 됩니다.
순종은 이처럼 예수님을 사랑하는 마음에서 자연스럽게 생기는 것
입니다.

"사람이 나를 사랑하면 내 말을 지키리니 내 아버지께서 그를

사랑하실 것이요 우리가 그에게 가서 거처를 그와 함께 하리라."
(요 14: 23)

놀라운 약속이지 않습니까. 하나님의 임재는 이처럼 사랑에 이끌린 순종과 뗄 수 없는 관계에 있습니다. 하나님의 사랑 가득한 임재를 경험한 사람은 하나님의 음성에 순종하게 됩니다. 또한 하나님은 순종하는 사람을 더욱 사랑하셔서 그 사람 안에 거처를 함께 하신다고 약속하십니다. 할렐루야.

우리가 하나님의 임재 안에서 더욱 머물기를 원한다면 가장 먼저 하나님을 향한 사랑의 마음으로 하나님을 향하십시오. 그리고 하나님의 계명을 지켜 그에게 순종하십시오. 순종은 하나님을 맛보고 하나님을 사랑하는 마음이 가득할 때 자연스럽게 가능해질 것입니다. 이때 하나님은 우리 안에 자신의 거처를 마련하고 영원히 그분의 임재를 보여 주십니다.

◎ 하나님의 순종

놀라운 것은 하나님이 우리를 위해 먼저 순종하신 것입니다. 이상하게 들릴지 모르지만 하나님은 우리 인생들을 지극히 사랑하셔서 우리가 하나님을 사랑함으로 하나님께 순종하기 전에 이미 인생들을 향해 순종의 모습을 보여 주셨습니다. 하나님은 세상을 너무나 사랑하신 나머지 스스로도 어쩔 수 없이 자신의 무릎을 꿇으셨습니다. 하나님이 세상을 사랑하시지 않았다면 이 세상은 이미 초개같이 불 태워졌을 것입니다. 하나님은 공의의 하나님이십니다. 어떠한 어둠과 죄도 하나님 앞에서 제대로 서 있을 수 없습니다. 하나님은 죄를 미워하십니다. 그러한 하나님이 죄로 물든 인간을 도말하지 않으시고 낮아지는 순종을 택하신 것은 바로 우리를 향한 사랑의 마음 때문입니다.

하나님은 세상의 고통을 외면하지 않으셨습니다. 공중 권세 잡은 불순종의 영에게 사로잡혀 매일같이 죽음 같은 고통으로 신음을 하며 살아가는 세상의 모습을 안타까운 모습으로 바라보신 하나님은 하늘 보좌를 버리고 이 땅 가운데 오셨습니다. 그리고 때묻은 인생들의 발을 씻겨 주시고, 세상의 욕심에 순결한 몸을 내맡기시고 십자가에 못 박혀 죽음을 당하셨습니다.

인생들 내면에는 하나님이 죽음으로 순종을 나타낼 만한 아무런 자격과 권위가 없음에도 불구하고 하나님은 인생들에게 순종하셨습니다. 그러나 우리가 순종을 바칠 대상인 하나님은 아무런 흠도 없으며 모든 권위 위에 참된 권위를 가지고 계신 분이십니다.

  "천사들과 권세들과 능력들이 그에게 복종하느니라."(벧전 3:22)

이렇게 높은 권위를 가지고 계신 분이시지만 하나님이 우리에게 요구하는 순종은 우리와의 온전한 연합을 통한 순종입니다. 아내가 남편을 사랑하여, 남편이 아내를 사랑하여 온전히 연합하고, 그 연합을 통해서 자연스럽게 따르고 싶은 마음이 솟구치는 모습을 우리에게 원하시는 것입니다. 하나님은 자신의 권위를 내세워서 우리를 순종으로 몰아가시는 분이 아니십니다. 만일 그런 권위를 강제하시는 분이셨다면 굳이 십자가를 지지 않으셨을 것입니다.

서로 사랑한다는 말을 스스럼없이 주고받을 수 있는 친밀한 연합을 원하십니다.

하나님은 우리와 연합하기 위해 기꺼이 약해지는 길을 선택하셨습니다. 하나님이 어린 아기로 태어나신 것은 우리의 눈높이에 맞추어 우리의 사랑과 돌봄을 받고 우리와 친밀히 교감하기 위해서입니다. 헨리 나우웬은 『기도의 삶』에서 우리를 위해 낮아지신 하나님의 이야기를 하고 있습니다.

> "하나님은 말씀하십니다. '나는 약해지고 싶다. 네가 나를 사랑할 수 있도록 말이다. 내 사랑에 대한 네 반응을 돕기 위해 내가 약해지는 것보다 더 좋은 길이 있을까? 그래야 네가 나를 돌볼 수 있으니 말이다.' 하나님은 비틀거리는 하나님이 됩니다. 십자가에 넘어지고 우리를 위해 죽으시며 철저히 사랑이 필요한 분이 됩니다. 하나님이 그렇게 하시는 것은 우리가 그분께 가까워지게 하기 위함입니다. 우리를 사랑하시는 하나님은 약해지시는 하나님, 구유와 십자가에서 남에게 의존해야 하는 하나님, 한마디로 '네 곁에 있느냐?'고 말씀하시는 하나님입니다."

잘 생각해 보십시오. 나는 순종을 이야기하는 많은 사람들의 표현에서 어떤 막막함 같은 것을 느끼곤 했습니다. 이들은 순종의 주제에만 다다르면 하나님의 권위를 먼저 내세워 순종의 십자가를 짐처럼 지우려고 한다는 느낌이었습니다. 만약 그런 식으로 우리가 순종을 한다면 하나님은 얼마나 마음이 아프실까요.

우리의 아들이 아버지로서 우리의 존엄함 때문에 말에 순종한다면 우리의 기분은 어떻겠습니까. 우리의 마음은 공터처럼 허할 것입니다. 왜냐하면 우리가 정말 원하는 것은 순종의 결과가 아니라 순종의 태도이며, 순종을 하는 아들의 진짜 속내이기 때문입니다.

하나님도 우리가 하나님의 음성을 듣고 순종하는 모습을 기뻐하십니다. 하지만 우리가 하나님의 존엄함과 영광에 굴복하여 그 권위 때문에 무서워 순종하는 것이라면 하나님은 눈물을 감추지 못하실 것입니다. 순종을 원하시는 하나님의 진짜 속마음은 하나님을 진실로 사랑하는 마음입니다. 이 말을 절대로 잊지 말기를 바랍니다.

요한복음 끝에서 예수님께서는 베드로에게 세 번씩이나 물으십니다.

"네가 나를 사랑하느냐?"(요 21:15~17)

예수님은 자신을 세 번이나 부인한 베드로에게 협박하기 위해 이 질문을 한 것이 아닙니다. 세 번씩이나 자신을 부인한 베드로를 끝까지 사랑하셔서 베드로의 사랑을 받고 싶어 하시는 것입니다. 이것이 하나님이 우리에게 다가오시는 신비로운 소통의 방식입니다. 하나님은 우리에게 기대시며 말씀하십니다.

"나는 사실 네 앞에 연약한 하나님이란다. 내가 창조주요 진노하는 하나님인 것 같지만 내가 사랑을 다 바치는 네 앞에서 나는 무력한 하나님이란다. 나는 네 사랑이 필요하단다. 네가 내 사랑을 인정해 주기를 원하노라."

하나님의 임재를 경험할 때 하나님이 우리에게 원하시는 순종은 이처럼 하나님과 일치되는 관계를 이루는 사랑이 그 전부라고 할 수 있습니다. 그러니 우리는 어떤 모습으로 순종할까를 먼저 고민하지 말아야 합니다. 하나님이 나더러 신학을 하라고 하시는 것일까, 하나님은 나더러 직장을 그만두라고 하시는 걸까 등 순종의 곁가지를 움켜쥐고 하나님 앞에 나가지 말기를 진심으로 바랍니다. 우리가 "하나님, 내가 당신의 음성을 좇아 순종하기를 원합니다."라는 말로 하나님 앞에 나올 때 하나님은 우리에게 가장 먼저 이 질문을 하십니다.

"네가 나를 사랑하느냐"

베드로에게처럼 어쩌면 우리가 하나님을 부인하고, 하나님을 힘들게 한 만큼 우리에게 이 질문을 반복하실지 모릅니다. 하나님이 이 질문을 하실 때 우리의 질문에 대한 답이 아니라고, 뜻밖의 생뚱맞은 대답이라고 여기지 말고 잠잠히 하나님께 이렇게 고하십시오.

"주님 그러하나이다. 내가 주님을 사랑하는 줄 주님께서 아시나이다."

주님께서 또 질문하시거든 끝까지 대답하십시오. 그리고 말씀드리십시오.

"주님, 나를 불쌍히 여겨 주시옵소서. 지금껏 나는 당신을 온전히 사랑하지 못했습니다. 당신을 사랑합니다."

하나님의 임재를 경험하는 데 오랜 시간이 걸리는 사람들이 있습니다. 하나님은 우리에게 몇천 번이라도 이 질문을 하셔서 우리의 하나님을 향한 확실한 사랑을 원하십니다. 하나님을 불쌍히 여기십시오. 우리를 만드신 그분이 우리의 사랑을 갈망하며 우리 앞에 십자가로 무릎 꿇으셨습니다. 하나님의 상처 입은 두 손을 잡아드리십시오. "사랑합니다. 주님"이라고 말씀드리십시오. 하나님은 우리의 입술에서 그 말이 터져 나오는 순간 십자가의 모든 고통을 한 올도 남김없이 잊어버리실 것입니다. 이 지점에 이르면 우리에게 순종이라는 단어는 질적으로 전혀 다른 의미로 다가올 것입니다.

나는 어느 날 우면산 자락을 거닐며 하나님의 임재를 경험하다가 메마른 나뭇가지를 보게 되었습니다. 나는 환상 중에 그 메마른 나무에 거꾸로 달려 있는 베드로의 모습을 보았습니다. 베드로는 기쁨 가운데 눈물을 흘리며 나에게 말하는 것 같았습니다.

"예수님께서 디베랴 호숫가에서 내게 나타나셔서 나의 사랑을 확인하신 뒤 내게 주신 말씀이 아직도 생생하다. 예수님께서는 '네가 젊어서는 스스로 띠 띠고 원하는 곳으로 다녔거니와 늙어서는 네 팔을 벌리리니 남이 네게 띠 띠우고 원하지 아니하는 곳으로 데려가리라'고 말씀하셨지. 조금 뒤 예수님께서는 '나를 따르라'면서 따뜻한 손을 내밀어 주셨어. 예수님께서는 내가 얼마나 예수님을 사랑하는지를 아셨던 게야. 그 사랑을 아시고서는 내게 죽음으로 하나님께 영광을 돌릴 귀한 사역을 맡기셨던 거지. 정말 그랬어. 나는 예수님을 사랑하는 마음으로 기꺼이 그분을 따라 순종했고, 이렇게 십자가에 거꾸로 매달렸단다."

환상 중에 베드로의 고백을 듣는 순간 순종에 대한 나의 모든 질문이 단번에 역전되었습니다. 나는 하나님의 상처 입은 손을 잡아드리고, 하나님의 상처 입은 무릎을 일으켜 세워 주는 것에서부터 나의 순종이 시작됨을 알게 되었습니다.

하나님은 우리와 함께 사랑을 나눌 작고 아름다운 집을 직접 만드셨습니다. 결혼하기 전 한 여인을 만나 사랑을 하게 되었을 때 내가 가장 꿈꿨던 것이 무엇인지 아십니까. 바로 작은 집이라도 좋으니 함께 거처를 마련해 살아가는 것이었습니다. 하나님의 우리를 향한 꿈도 바로 이것입니다. 하나님은 우리를 있는 그대로 사랑하시어 우리와 함께 거처를 정해 살아가시기를 원하십니다.

> "내가 너희를 위하여 거처를 예비하러 가노라. 가서 너희를 위
> 하여 거처를 예비하면 내가 다시 와서 너희를 내게로 영접하여
> 나 있는 곳에 너희도 있게 하리라."(요 14:2~3)

하나님이 우리들의 순종을 원하심은 무슨 특이한 것에 대한 것
이 아닙니다. 우리는 하나님이 성경을 통해 순종을 요구하시는 것
을 볼 때 의무감 같은 느낌을 받으면서 힘들어하지는 않습니까.
우리는 하나님이 그분을 사랑하는 마음에서 비롯되는 순종을 원하
신다는 것과 동시에 하나님이 원하시는 순종은 결국 우리더러 '사
랑하라'는 것임을 알아야 합니다.

> "예수께서 대답하여 이르시되 사람이 나를 사랑하면 내 말을
> 지키리니 내 아버지께서 그를 사랑하실 것이요 우리가 그에게 가
> 서 거처를 그와 함께 하리라."(요 14:23)
> "내가 아버지의 계명을 지켜 그의 사랑 안에 거하는 것같이 너
> 희도 내 계명을 지키면 내 사랑 안에 거하리라. 내 계명은 곧 내
> 가 너희를 사랑한 것같이 너희도 서로 사랑하라 하는 이것이니
> 라."(요 15:10~11)

나는 순종이란 "끝까지 하는 순종이어야 한다.", "100% 순종하
는 것이어야 한다.", "기쁨으로 하는 순종이어야 한다." 등 순종에
대한 여러 가지 명제들을 알고 있습니다.
그렇습니다. 다윗이 "주의 계명을 지키기에 신속히 하고 지체치
아니하였나이다."(시 119:60)라고 말했듯이 순종은 즉각적인 순종
이어야 합니다. 하나님의 명령을 어기고 아말렉의 모든 것을 멸하

지 않고 부분적으로 남긴 사울 왕의 불순종(삼상 15:18~23)에서 보는 것처럼 순종은 온전한 순종이어야 합니다. "네가 모든 것이 풍족하여도 기쁨과 즐거운 마음으로 네 하나님 여호와를 섬기지 아니함을 인하여"(신 28:45)라며 하나님의 진노가 임한 것처럼 순종은 기쁨으로 하는 순종이어야 합니다. 하지만 무엇보다 강조되어야 하는 것은 그러한 순종이 되려면 연약한 하나님을 돌보는, 그리하여 하나님과 연합되어지는 사랑이 먼저 이뤄져야 한다는 사실입니다.

◎ 성화로 완성되는 순종

하나님은 결과적인 순종 그 이전에 하나님을 향한 사랑의 마음을 원하십니다. 이 사랑의 마음이 자연스럽게 흘러나와 우리는 하나님이 기뻐하시는 삶을 살게 됩니다. 하나님의 임재 가운데서 하나님의 사랑을 알고, 하나님을 사랑하는 우리가 궁극적으로 걸어가게 되는 길이 무엇입니까. 우리가 사랑의 순종을 할 때 우리에게 일어나는 일들이 무엇입니까. 하나님은 우리의 사랑을 원하시며 거처를 정해 함께 살기를 원하시는데, 우리가 하나님과 함께 살아갈 때 하나님과 동일하게 기쁨으로 살아갈 수 있는 마지막 단계가 무엇인지 아십니까. 그것은 바로 '성화'입니다. 마틴 로이드 존스 목사는 '성화'를 다음과 같이 정의했습니다.

"성화란 성령님의 은혜롭고 지속적인 작용으로서 그분이 죄의 오염으로부터 의롭게 된 죄인을 구원하며, 하나님의 형상으로 그 죄인의 전체 본성을 새롭게 하며 또한 그로 하여금 선한 일들을 행할 수 있도록 하는 것입니다."

　여러분은 예수님으로 인해 구원을 받은 자격으로 이 글을 읽고 있습니다. 우리는 칭의를 통해 구원에 이르게 되었지만 내면에는 아직도 죄의 본성이 살아 있습니다. 우리는 예수님을 구주를 고백한 이후에도 여전히 육신의 소욕에 자신을 쉽게 내어 놓습니다. 하나님은 우리가 공중 권세 잡은 자의 노예가 되어 불순종할 때도 우리를 사랑하셨던 분이십니다. 이제 우리가 영접하고 하나님을 사랑하기로 작정한 지금 우리의 모습은 어떻습니까. 아직도 죄에 쉽게 무너지고 죄의 본성을 버리지 못하고 있지는 않는지. 감사하게도 하나님은 이러한 우리의 모습을 예상하셨습니다. 죄에서 벗어나기를 원하면서도 어려워 고통을 호소하는 우리의 모습을 하나님은 알고 계셨습니다. 그리고 우리를 사랑하는 마음으로 끝까지 지켜보십니다. 우리를 두 손을 놓고 그냥 지켜보시는 것이 아니라 성령님을 보내 주셔서 그 성화를 이루게 하십니다. 하나님은 우리 가운데 영원히 임재 하시어 우리와 사랑을 속삭이고 싶어 하십니다. 하지만 하나님은 우리의 때 묻은 옷들을 정화하길 원하십니다. 우리를 사랑하시기 때문입니다. 우리를 아름답게 빚는 것이 하나님의 뜻입니다.

　"하나님의 뜻은 이것이니 너희의 거룩함이라."(살전 4:3)

　하나님은 궁극적으로 우리의 거룩함을 원하십니다. 거룩함이라는 말에 거북함을 느끼는 사람이 있을지도 모르겠습니다. 하지만 거룩함은 부담스러운 짐이 아닙니다. 우리가 사랑하는 사람의 뜻을 따라 살려고 할 때 사랑하는 사람과 온전히 동일한 사랑을 나누게 되는 것이 바로 성화입니다. 예수님은 이 세상을 떠나실 때 제자들을 위해 어떤 것을 기도하셨습니까.

"저희를 진리로 거룩하게 하옵소서. 아버지의 말씀은 진리니이다."(요 17:17)

예수님의 마지막 유언 중 하나가 바로 우리의 거룩함, 즉 성화였습니다. 사도 바울도 디도에게 예수님의 꿈을 털어놓습니다.

"그가 우리를 대신하여 자신을 주심은 모든 불법에서 우리를 속량하시고 우리를 깨끗하게 하사 선한 일을 열심히 하는 자기 백성이 되게 하려 하심이라."(딛 2:14)

이 성화가 바로 주님께서 십자가에서 우리를 위해 달려 돌아가신 구원의 목적입니다. 우리는 하나님의 임재를 경험하는 삶의 대단원에 와 있습니다. 우리는 하나님의 임재를 갈망하면서 자기 포기를 했고, 인내를 이루었으며, 순종을 결심했습니다. 이 모든 것의 마지막 목적이 무엇입니까. 바로 성화입니다. 하나님은 우리 속에 선함을 회복시키기 위해 죽으셨습니다. 마틴 로이드 존스는 "성화란 구원의 전 과정의 목적"이라고 말했습니다.

하나님을 향한 사랑이 우리를 순종으로 이끌고, 이 참된 순종이 쌓이고 쌓여 성화를 이룹니다. 여기서 우리는 순종과 관련한 중요한 사실을 알게 됩니다. 두 가지입니다. 첫째, 성화란 성령님에 의한 하나님의 사역이라는 점입니다. 즉 성화란 하나님의 일이며, 하나님이 의도하시는 바며, 하나님의 우리를 향한 목적이며, 순종을 결단한 자들 속에서 행하시는 일입니다. 둘째, 성화는 우리 스스로가 무언가를 하도록 부르신다는 사실입니다. 이 두 번째가 바로 하나님의 임재 가운데 우리들에게 능동성을 요구하시는 순종의 다른 풀이입니다.

성화란 어떠한 것도 전혀 하지 않는다는 뜻이 아닙니다. 이 견해는 극단적인 사람들이 주장하는 내용으로 전혀 틀린 이야기입니다. 극단적인 사람들은 요한복음 15장의 포도나무와 가지의 비유를 들어 성화란 우리가 아무것도 하지 않고 오직 주님만을 바라보는 것으로 가르칩니다. 하지만 포도나무와 가지의 비유를 정밀하게 들여다봄이 옳습니다.

> "나는 포도나무요 너희는 가지라. 그가 내 안에, 내가 그 안에 거하면 사람이 열매를 많이 맺나니 나를 떠나서는 너희가 아무것도 할 수 없음이라."(요 15:5)

나무에 달려 있는 나뭇가지가 아무것도 하지 않는 것이 아닙니다. 가지는 나무로부터 수액을 공급받지 않으면 아무것도 할 수 없다는 뜻에서는 수동적이라고 할 수 있습니다. 이는 하나님의 임재를 경험하기 위해 하나님 앞으로 나아가는 모습을 보여 주고 있습니다. 성령님의 이끄심이 없이는, 하나님의 계시가 없이는 우리는 결코 하나님의 얼굴을 볼 수 없다는 뜻에서 수동성을 의미합니다. 하지만 수액이 주어지면 그 가지는 생명으로 가득하게 됩니다. 그 가지는 활동력과 생명력으로 넘치게 됩니다. 가지에 달린 모든 잎들은 매우 활동적인 모습을 보입니다. 로이드 존스 목사도 동일한 견해를 나타내고 있습니다.

"여러분 안에서 하나님께서 먼저 일하시지 않으셨다면 여러분은 그것을 할 수 없습니다. 그러나 그분께서 여러분이 일할 수 있도록 하시기 위하여 여러분 안에서 일하십니다. 하나님께서는 저의 의지에서 일하시면, 제 의지가 활동할 수 있도록 일하시면, 그 행동을 가능케 하십니다."

성화를 이루기 위해 우리가 능동적으로 순종해야 한다는 점은 수많은 성경 구절이 동일하게 말하고 있는 내용입니다. 로마서 6장 11절을 봅시다.

"이와 같이 너희도 너희 자신을 죄에 대하여는 죽은 자요 그리스도 예수 안에서 하나님께 대하여는 살아 있는 자로 여길지어다."

여기서 '여긴다'는 것은 우리들이 해야 하는 행동을 말합니다. 누가 대신 해 줄 수 있는 부분이 아닙니다. 바울의 권고에 주의를 기울여 봅시다.

"그러므로 너희는 죄가 너희 죽을 몸을 지배하지 못하고 하여 몸의 사욕에 순종하지 말고"(롬 6:12)

죄가 우리를 지배하지 못하도록 해야 합니다. 바울은 우리가 해야 할 일을 권면하고 있습니다. 13절에도 이 같은 내용이 잘 나타나 있습니다.

"너희 지체를 불의의 무기로 죄에게 내주지 말고 오직 너희 자신을 죽은 자 가운데서 다시 살아난 자같이 하나님께 드리며 너

희 지체를 의의 무기로 하나님께 드리라."(롬 6:13)

우리의 몸을 죄에게 내주지 말고 적극적으로 하나님께 드려야 합니다. 로마서 8장은 어떻습니까.

"너희가 육신대로 살면 반드시 죽을 것이로되 영으로써 몸의 행실을 죽이면 살리니"(롬 8:13)

우리는 몸의 행실을 죽여야 합니다. 성령님이 없이는 할 수 없는 일입니다. 성령님을 통해서 육체의 행실을 죽여야만 합니다. 이것이 바로 당신이 해야 할 순종의 모습입니다. 성령님이 도와주실 겁니다. 우리는 성령의 역사하심을 통해 적극적이고 능동적으로 순종해야 합니다. 골로새서에서도 분명하게 말씀하고 있습니다.

"그러므로 땅에 있는 지체를 죽이라 곧 음란과 부정과 사욕과 악한 정욕과 탐심이니 탐심은 우상 숭배니라."(골 3:5)

땅의 지체를 죽일 것을 명하고 있습니다. 고린도전서 16장 15절에서는 '굳세게 서라'고 하고, 디모데전서 6장 12절에서는 '싸우라'고 권면하고 있습니다. 아직도 순종이 수동적이고 소극적인 행위로 생각되지는 않기를 바랍니다. 바울은 순종을 원하는 디모데에게도 적극적으로 당부합니다.

"또한 너는 청년의 정욕을 피하고 주를 깨끗한 마음으로 부르는 자들과 함께 의와 믿음과 사랑과 화평을 따르라."(딤후 2:22)

바울은 디모데에게 정욕을 적극적으로 피하라고 말하고 있습니다. 무조건 기다리라고 말하고 있지 않다는 점을 기억하십시오. 바울은 디모데에게 다시 강조합니다.

> "오직 너 하나님의 사람아 이것들을 피하고 의와 경건과 믿음과 사랑과 인내와 온유를 따르며."(딤전 6:11)

이처럼 능동적으로 성화의 모습을 좇는 것이 바로 하나님의 임재를 경험한 우리들이 옛 사람을 벗어 버리고 새 사람을 입는 적극적인 모습입니다.(엡 4:22,24) 이 외에도 수없이 많은 신약의 구절들이 구원받고 하나님의 임재 가운데 거하는 성도들에게 적극적인 성화의 순종을 요구하고 있습니다. 가장 대표적인 구절을 들어 봅시다.

> "그런즉 사랑하는 자들아 이 약속을 가진 우리는 하나님을 두려워하는 가운데서 거룩함을 온전히 이루어 육과 영의 온갖 더러운 것에서 자신을 깨끗하게 하자"(고후 7:1)

로이드 박사는 만약 우리가 성화되기 위해 할 수 있는 모든 것이 단지 '하나님께 가서 하나님이' 우리로 하여금 복종하여 예수님만 바라보게 하시는 것이라면 위에서 열거한 수많은 적극적인 권면의 말씀은 잉크의 낭비요, 시간의 낭비요, 정열의 낭비에 불과할 것이라고 강력히 말하고 있습니다.

> "우리에게 필요한 모든 것이 항복하며, 기다리며, 바라보고 거하는 것이라고 그들은 왜 말하지 않을까요?"

나는 하나님의 거룩하심을 언급하면서 이 책의 앞부분에서 수동성을 이야기하다가 왜 마지막 부분에 와서는 거꾸로 적극성을 강조하는지 의문이 듭니까. 하지만 우리가 반드시 알아야 할 것이 있습니다. 우리가 하나님의 거룩함에 참여하기 위해 성령님께 우리 자신을 의탁할 때는 전적으로 수동적이어야 합니다. 이것은 성화란 주도적으로, 원인적으로, 생명적으로 하나님의 일이라는 고백에서 나오는 수동적인 의뢰입니다. 그러나 성령님은 우리가 의지적으로 그 일을 하도록 이끄십니다. 우리들이 성화를 위해 한 걸음 내딛지만, 한 걸음 내딛는 용기와 힘은 전적으로 성령님으로부터 비롯된다는 의미입니다. 성령님은 우리의 행위를 요구하십니다.

하나님의 임재에 뒤따르는 순종은 영의 생각을 취해 성화의 길을 가는 것입니다. 이러한 순종이 성령님의 인도하심 가운데 날마다 훈련이 된다면 우리는 즉각적인 순종, 100% 완전한 순종, 기쁜 마음으로 하는 순종 등을 이루게 될 것입니다. 이러한 고도화된 순종의 모습이 바로 하나님이 어린아이와 같았던 우리가 장성한 분량에 이르러 취하기를 바라는 성화의 완성된 모습인 것입니다.

7장_에필로그

나는 성령님의 이끌림에 의해 이 책을 쓰면서 나의 삶을 온전히 하나님의 임재 가운데 맡겼습니다. 나는 그리스도인들에게 있어서 하나님의 임재를 경험하는 것보다 더 시급하고 중요한 일이 없다는 것을 확신을 가지고 말해야 함을 알게 되었습니다.

오늘 있었던 일입니다. 성악을 하는 자매와 미국 시민권을 가진 한 형제가 나를 만나러 왔습니다. 우리는 수목이 우거진 아름다운 교회를 거닐며 하나님에 대한 이야기를 나누었습니다. 자매가 물었습니다.

"형제님, 나는 요즘 열매를 많이 맺지 못하고 있다는 생각에 하나님께 부끄럽습니다."

어떤 열매를 말하는지 되물었습니다.

"무슨 일을 해도 성과가 나지 않아요. 공연을 많이 해야 하는데 작년부터 모든 일정이 취소되어 버렸어요. 다이아몬드 중개상을 하는 이 형제도 요즘 사업이 힘들어 하나님께 부끄러운 마음이 있답니다."

나는 조용히 말했습니다.

"자매님, 하나님께서 자매님의 삶에 원하시는 열매는 하나님과의 깊은 만남입니다. 자매님이 원하는 것을 죽이고 하나님이 원하시는 삶에 초점을 맞추세요. 모든 성령의 열매가 귀한 것이지만, 이 열매들은 모두 하나님의 임재에서 비롯되는 것입니다. 하나님의 임재를 갈망하십시오."

자매는 다시 말했습니다.

"그렇다면 사업이나 학업이나 그런 것들을 성취하는 것은 어떤 의미를 가지는 겁니까?"

나는 다시 대답했습니다.

"그 모든 것들은 하나님의 임재가 충만해져서 자연스럽게 나타나는 결과물이어야 합니다. 우리는 잊지 말아야 합니다. 그 모든 일들은 하나님이 하시는 것입니다. 우리들이 하는 것이 아님을 매 순간 인정해야 합니다. 우리들이 그러한 결과물에 집중해서 뭔가를 이루려고 한다면 우리들의 삶에서 하나님의 통치권을 소멸시키는 행위가 됩니다."

옆에서 걷고 있던 형제가 입을 열었습니다.

"그럼, 아무런 성과가 없으면 어떻게 됩니까. 하나님이 기뻐하십니까?"

나는 형제의 질문에 기뻐 대답했습니다.

"하박국 3장에 나오는 말씀을 기억해야 합니다. '비록 무화과나무가 무성하지 못하며 포도나무에 열매가 없으며 감람나무에 소출이 없으며 밭에 먹을 것이 없으며 우리에 양이 없으며 외양간에 소가 없을지라도 나는 여호와로 말미암아 즐거워하며 나의 구원의 하나님으로 말미암아 기뻐하리로다.' 이 말씀은 중요한 깨달음을 줍니다. 우리가 하나님의 임재 가운데 있을지라도 아무 소출이 없을 수 있다는 것입니다. 이것은 무엇을 말하고 있습니까. 첫째는 하나님께서는 본질적으로 우리의 소출에 관심이 있는 것이 아니라는 것입니다. 둘째는 소출을 내는 것은 온전히 하나님의 몫이라는 것입니다. 셋째는 하나님께서는 여호와로만 인해 기뻐하는 것을 가장 원하신다는 것입니다. 형제님의 삶에 먼저 하나님의 임재를 사모하십시오. 그 후에 일어나는 소출의 많고 적음은 하나님께 맡겨드리길 원합니다."

자매가 다시 입을 열었습니다.

"그럼 명권 형제님은 우리들에게 가장 중요한 한 가지를 들라고 하면 무엇이라고 말할 수 있습니까."

"당연히 하나님의 임재입니다."

눈을 반짝거리며 형제가 물었습니다.

"그럼 하나님의 임재를 막는 것 다섯 가지만 말씀해 주십시오."

나는 다시 기쁨에 차 대답했습니다.

"한 가지로 말씀드리겠습니다. 하나님의 임재를 막는 것은 바로 우리 자신의 죄입니다. 이 죄에는 모든 탐심과 이기심과, 음란, 욕심, 교만, 게으름, 분노, 시기 등이 다 해당됩니다. 여기서 저는 하나님에 대한 우리의 관점을 새롭게 가져야 할 필요가 있다고 생각합니다. 사실 우리가 하나님의 임재를 갈망하는 것보다 하나님이 우리를 만나고자 하는 열망이 훨씬 강하고 뜨겁다는 것을 알아야 합니다. 하나님은 우리를 미칠 듯 사랑하시어 십자가만큼 낮아지고 나약해지셨습니다. 하나님은 이미 연약한 손을 내밀고 계십니다. 십자가에서 상처 입은 피 묻은 손을 내밀고 계십니다. 우리의 사랑을 애타게 찾고 계십니다. 우리는 이제 그분의 손을 잡아 드려야 합니다."

자매는 연약한 하나님이라는 표현이 낯설다고 했습니다. 그러나 잠시 하나님의 사랑에 집중해서 묵상하면서 걷더니 갑자기 탄성을 지르며 소리쳤습니다.

"맞습니다. 하나님이 얼마나 애타게 나를 찾고 계시는지 이제 알 것 같습니다. 담쟁이로 옷을 입은 저 나무들을 보세요. 얼마나 아름답습니까. 하나님과 갑자기 가까워진 느낌입니다. 하나님을 더욱 사랑하고, 그분의 임재를 더욱 사모하고 싶습니다."

형제도 흥분된 마음을 감추지 못했습니다. 하나님의 임재에 대해 이야기하는 것만으로도 오늘 세 사람은 벅찬 저녁을 보냈습니다. 하나님은 언어를 넘어 우리가 하나님의 임재를 실제적으로 경험하기를 더욱 원하십니다. 하나님의 임재를 경험하는 삶은 매일매일이 이처럼 즐겁고 아름답습니다. 누구를 만나든 그 만남 가운데 하나님의 임재가 있음을 압니다. 이로써 두렵고 떨리는 마음을 떨쳐 버릴 수 있습니다. 대신 나의 마음은 숲의 새와 같이, 빛나는 광선과 같이 기대와 설렘으로 가득합니다. 싫증나지 않고 아무리 맛보아도 늘 새로운 아름다움으로 나를 채우는 신비가 바로 하나님의 임재입니다.

나는 오랜 시간 동안 하나님의 임재를 경험하는 삶을 추구하면서 이 책을 통해 밝힌 다섯 가지 원리가 얼마나 유용한지 확인하고 또 확인할 수 있었습니다. 초기에는 하나님의 임재를 갈망하는 마음만 강렬했지 구체적으로 어떻게 하나님의 임재에 이를 수 있는지에 대해 애매하기만 했습니다. 어떤 경우에는 미로를 헤매는 것 같았습니다. 어느 날 길을 찾았다가도 다음 날이 되면 또 방황했습니다. 매번 정리되지 않은 채로 출발선에 다시 서는 막막함이 있었습니다.

이 책에 밝힌 다섯 가지 원리 외에 다른 내용들이 중요하지 않다는 것은 결코 아닙니다. 하지만 이 다섯 가지 원리는 그 외의 모든 것들을 생각나게 할 것입니다. 이런 까닭으로 이 다섯 가지 원리는 하나님의 임재에 이르는 핵심 원리라고 감히 말씀드리고 싶습니다.

십차로에서 방향을 잃어버린 것 같은 오리무중의 답답함이 느껴질 때 이 다섯 가지 원리를 기억하십시오. 그리고 평소 훈련한 대로 천천히 하나님의 임재로 들어가십시오. 놀라운 축복과 풍요와 평안이 우리의 분주하고 속도로 닳은 삶을 재정비할 것입니다.

하나님의 임재로 날마다 그분의 얼굴로만 기뻐하는 참된 그리스도인의 삶이 되시길 간절히 바랍니다.

차명권 •약 력•

20대에 역사와 철학, 사회에 심취했던 저자는 어느 여름 한 달 동안 국토를 순례하면서 하나님의 임재를 인격적으로 경험한 이후 삶의 참된 본질을 찾아 전혀 새로운 순종의 인생을 시작했다. 하나님의 사랑과 감동과 눈물이 있는 세계 곳곳을 누비며 그의 역사를 기록하는 기자로 활동하고 있으며, 지적이면서도 사랑과 영성이 묻어나는 글을 집필하면서 하나님과 세상 사이에 무너져 내린 다리를 새롭게 놓고 있다. 젊은이들을 멘토링하고 선교사역과 강연에 힘쓰고 있다. 서울대를 졸업하고(경제학사, 법학부 전공), 고려대 대학원에서 언론학으로 석사학위를 받았다. 하나님이 주시는 비전을 좇아 신학을 공부하기 위해 도미를 준비 중이다.

•주요논저•

「John Fiske의 대중문화론적 관점에서 본 교회의 성장 분석」
『길 위에 서다』
『단숨에 읽기 온누리교회 20년』
『형사소송법』
 등 다수

하나님의 임재 앞에서
영적 깊이를 이루기 위한 다섯 가지 원리

초판인쇄 | 2008년 11월 28일
초판발행 | 2008년 11월 28일

지은이 | 차명권
펴낸이 | 채종준
펴낸곳 | 한국학술정보㈜
주 소 | 경기도 파주시 교하읍 문발리 513-5 파주출판문화정보산업단지
전 화 | 031) 908-3181(대표)
팩 스 | 031) 908-3189
홈페이지 | http://www.kstudy.com
E-mail | 출판사업부 publish@kstudy.com

등 록 | 제일산-115호(2000. 6. 19)
가 격 | 11,000원

ISBN   978-89-534-6857-3 93230 (Paper Book)
       978-89-534-6903-7 98230 (e-Book)